▶ 南开精神
代代相传

▶ 少年中国说：
走进演播室

▶ 元宵节花灯会

▶ 南开娃娃迎寅虎

▶ 母亲节体验做妈妈

▶ 孩子的发现：
你的衣服上也有围墙

▶ 幼儿想办法挖小水渠
解决浇水不均衡的问题

▶ 雕塑展小小讲解员

▶ 春天的诗会

▶ 幼儿远足写生活动

▶ 忙趁东风放纸鸢

▶ 阳光体育，
健康宝贝运动会

▶ 小手绘百米长卷
贺南开百岁生日

▶ 儒雅、自信的
小小南开人

▶ 幼儿自己设计并自主开办的桥展

▶ 520 幼儿园里的一场表白

▶ 南开大学幼儿园教师赴迦陵学舍参加研讨活动

▶ 历史学院侯杰教授指导幼儿园园本课程建设

▶ 童心献礼南开女神

▶ 孩子们听教授讲科学家的故事

▶ 交警叔叔走进幼儿园

▶ 参观图书馆

▶ 聆听叶嘉莹先生教诲

▶ 南开大学幼儿园走进社区公益活动

公能根基课程的开发与实施

◎常明 李晓文 编著

天津社会科学院出版社

图书在版编目（ＣＩＰ）数据

公能根基课程的开发与实施 / 常明，李晓文编著
. -- 天津 : 天津社会科学院出版社，2022.3
ISBN 978-7-5563-0808-8

Ⅰ．①公… Ⅱ．①常… ②李… Ⅲ．①学前教育－课
程建设－研究 Ⅳ．①G612

中国版本图书馆CIP数据核字(2022)第052022号

公能根基课程的开发与实施
GONGNENG GENJI KECHENG DE KAIFA YU SHISHI

选题策划：柳　晔
责任编辑：柳　晔
责任校对：王　丽
装帧设计：高馨月
出版发行：天津社会科学院出版社
地　　址：天津市南开区迎水道７号
邮　　编：300191
电　　话：(022) 23360165
印　　刷：英格拉姆印刷(固安)有限公司
开　　本：787×1092　　1/16
印　　张：18.5
字　　数：265千字
版　　次：2022年3月第1版　　2022年3月第1次印刷
定　　价：68.00元

序　言

　　在南开大学陈省身纪念馆旁,有一所简约而朴素的幼儿园,她不奢华也不张扬,但是,她却得到了家长们的广泛关注和高度评价,大家争先恐后地要把幼儿送到这里。能上这所幼儿园已经成为一代又一代南开人的愿望,这所幼儿园就是天津市百姓点赞的幼儿园——南开大学幼儿园。

　　一所幼儿园为什么会有这么大的魅力和"魔力"? 缘于南开大学幼儿园创建独特的"公能"幼儿园文化,缘于拥有奋进向上的领导团队和德业双馨的教师队伍,更是缘于独创的"公能根基课程"。"公能根基课程"的创新性实践,及其由此而进行的理论概括和提升,不仅是幼儿教育发展中的瑰宝,而且具有重要的示范意义和推广价值。

　　首先,"公能根基课程"文化积淀丰厚,注重精神传承。诚如本书的撰写者所言:南开大学幼儿园传承了校父严修在 1905 年开设蒙养院时所遵循的"发育其身体,渐启其心知"的教育思想,践行着"儿童为本、游戏为基"的教育理念。在"允公允能,日新月异"的感召下,不断创新发展,志向高远。在《幼儿园教育指导纲要(试行)》和《3-6 岁儿童学习与发展指南》的指导下,南开大学幼儿园因应新形势、新变化对幼儿教育的诸多期待,立德树人,承担起为国家培养德智体美劳全面发展的社会主义建设者和接班人的神圣使命。

　　其次,"公能根基课程"以幼儿为本,赋予幼儿教育以新生命。不论是历任园长,还是教师、保育员、保健医……在幼儿生活的每一个环节都是充满爱心的保卫者,让幼儿学得专心,玩得开心,吃得顺心,睡得安心,逐渐拥有了强的体魄、雅的言辞、善的品行、活的头脑、美的艺趣。常言道,教师是人类灵魂的工程师。幼儿生命成长的每一步都离不开他们的细心呵护,爱心浇灌。教师是"公能根基课程"当之无愧的设计者、实践者、见证者。

在新冠疫情防控期间,入园广播中传出的幼儿友善的提醒,稚嫩中传递着对生命的尊重、对规则的遵守、对哥哥姐姐弟弟妹妹们的关心和爱护。幼儿承担起自我教育和互相教育的责任,并取得奇效。这既是南开大学幼儿园创立的"公能根基课程"的一项重要实践活动,也完成了幼儿身份转换,这种转换对幼儿自身、其他幼儿以及教师、家长均产生重要的影响。

再次,"公能根基课程"是由幼儿园和幼儿及其家长共同创造的宝贵财富。这些经过严格专业训练,学业有成的教师们,来到南开大学幼儿园,以强烈的事业心和使命感像照顾自己的孩子一样教育好每一名幼儿,不辞辛劳,不求回报,精心从事每一项工作,经过10余年的不懈探索,终于创立"公能根基课程",形成以南开学校的历史、文化为根,以公能精神为魂,从生活常识到文化濡染,从科学认知到心智启迪,从大师教诲到开蒙立志……开放性的课程体系,卓越的教育理念,灵活生动的课程组织,从而展现出旺盛的生命力。幼儿是受益者,同时也是重要的参与者、实践者、创造者。当幼儿手捧自己制作的手工,送给家长时,幼儿和家长都会沉浸在幸福的喜悦之中,而护送幼儿出园的教师们,都会情不自禁地夸赞幼儿是最棒的。而看到幼儿一天天成长的家长们都自觉、自愿地参加南开大学幼儿园本活动,直接、间接参与了"公能根基课程"建设。身为南开大学教工的家长都渴望成为相关专业、技术的讲授者,以及精神、文化的传承者,每逢此时,不论工作多忙,家长们都会全力配合,扮演好自己的角色并乐在其中。幼儿园承担起为南开大学员工解除后顾之忧的工作,从而转化为给学校、天津、国家做出更大贡献的动力,功不可没。

最后,"公能根基课程"不仅造福每一位入园的幼儿,还不忘回馈社会。幼儿园的师生们走出校园,来到社区,与人们互动交流,既让社会检验了幼儿园的教育效果,又实践了公能教育"服务社会,造福人群"的崇高精神。同样,南开大学的校园及其景物,既是幼儿在教师的率领下,认识自然、人文、社会环境的"试验场",也是他们与南开大学有关机构合作,展现自我,丰富、提升校园文化的大"舞台"。

"公能根基课程"不仅仅是幼儿园、家长及社区资源高度融合的产物,也得益于南开大学各级领导的关心、爱护和支持。在他们的关怀和扶助下,"公能根基课程"的开发更具有实践价值。

愿南开大学幼儿园越办越好,勇敢地承担起为党育人、为国育才的神圣责任,将公能教育理念进一步发扬光大。

侯　杰

2021 年 11 月

前　言

　　园所文化是幼儿园内涵发展的强劲驱动力。近年来，南开大学幼儿园一直走在探索适合本园发展的园所品牌建设之路上，从园所文化的梳理到园本课程的开发，从高校资源的开发到家长资源的利用，从园本主题活动到班本生成活动，从环境的改造到专业师资的引进，园本课程探索的脚步一直没有停下。回顾这段历程，园所取得了一定的成果。20 世纪 90 年代，基于幼儿的认知特点，南开大学幼儿园出版了《幼儿园主题综合教育活动》丛书；2016 年，结合幼儿喜欢诗词朗朗上口的特点以及毗邻迦陵学舍①得天独厚的优势，我们将师幼创作的诗歌以图文并茂的形式收集，出版《诗情画意——幼读古诗·读诗作画》②；2017 年，依托天津市中小学教研室课题《高校幼儿园课程资源的开发与利用研究》，研究提出高校附属幼儿园的资源优势及资源利用策略；十四五开局之年，我们申报中国学前教育研究会十四五规划课题《立足高校资源开发"公能根基"园本课程的实践研究》、天津市教育学会十四五规划课题《南开大学幼儿园园本课程构建与实施研究》、天津市教育科学学会十四五规划课题《幼儿园、家庭、

---

　　①　迦陵学舍是南开大学为中华古典文化研究所所长、加拿大皇家学会院士叶嘉莹先生修建的居所。学舍以叶嘉莹先生的号命名，专门陈列叶先生收集的大量宝贵文学、历史资料，供研究者使用。

　　②　常明主编，李葳、魏爱宽副主编.《诗情画意——幼读古诗·读诗作画》[M].中国书籍出版社，2016.

◎ 公能根基课程的开发与实施

社区协同教育研究》并成功立项,以此为契机全面提升幼儿园课程实施质量。今天,我们尝试将公能根基课程开发与实践的过程用完整、理性的文字进行梳理,以期将这些年老师、幼儿、家长共同走过的历程记录下来,同时使得公能根基课程的实践之路更加科学、更加系统。

在这本书中,您将真正认识融合我们思想与行动的公能根基课程理念,了解公能根基课程是如何生根、发芽和成长的;您将感知公能根基课程目标、课程内容、课程组织与实施、课程评价的完整框架;您将了解到公能根基课程的管理思路以及教师是如何获取专业成长的;除此之外,您还将看到公能根基课程是如何有效融合幼儿园、家庭及社区资源开展活动的。

接下来,就请您打开这本书,了解南开大学幼儿园公能根基课程建设、教师专业成长以及资源开发的历程。

目　录

第一章　沃土润幼苗
——体现南开精神的公能根基课程

　　历史植根，文化铸魂。南开大学幼儿园开办于 1952 年，坐落在世界著名学府南开大学校园内，园所占地面积 7000 平方米。植根于南开大学这片教育的沃土，依托百年来厚重的人文底蕴、优良的教育传统、先进的教育理念以及丰富的教育资源，南开大学幼儿园传承校父严修 1905 年开设蒙养院时遵循的"发育其身体，渐启其心知"的教育宗旨，践行"儿童为本、游戏为基"的教育理念，在《3-6 岁儿童学习与发展指南》精神的指引下，以南开大学的光辉历史为根，以公能精神为魂，始终坚持以儿童为本，从生活常识到文化濡染，从科学认知到心智启迪，从大师教诲到开蒙立志……南开幼教爱于心、践于行，十年砥砺，创立公能根基课程。公能根基课程开发秉持"主动、开放、多元"的课程理念，立足"依托南开资源，践行公能根基教育"的办园特色，充分发挥教科研工作优势，致力于为幼儿的生长力和生命力积蓄能量，为种子生长成参天大树做好护根、蕴根工作；致力于培养专业化的师资队伍和具有"强的体魄、雅的言辞、善的品行、活的头脑、美的艺趣"的小小南开人。

第一节　南开精神与公能根基课程理念

园本课程是指在幼儿园现实根基上生长起来的,与幼儿园的资源、师资等条件相一致的课程,即以幼儿园自身的文化为基础,以本园幼儿的发展状况、现实需要、生长环境为核心,整合幼儿园、家庭、社区的各种资源而设计的课程。① 南开大学幼儿园园本课程的开发,是以南开大学及南开大学幼儿园的历史文化底蕴为依托,以本园幼儿的兴趣需要及发展特点为核心,整合南开大学物质、文化资源而进行的课程建设。

课程建设要以幼儿园品牌文化建设为抓手,提升幼儿园的核心竞争力,使幼儿园课程更具有文化适宜性与个体适宜性,并不断走向具有底蕴的价值追求与实践样态。园所不断反思自己的文化根基、发展宗旨、发展定位与发展愿景,思考应该坚持办怎样的教育,用怎样的方式方法影响教师、幼儿与家长的生活。经过十多年的课程探索与实践,园所的课程逐步被冠以"公能根基"②之名,公能根基的丰富内涵带给幼儿与教师富有"公能"精神的气质与品格,并深深融入在教师的思想中,体现在课程实践与幼儿发展中。

一、公能根基课程理念的提出

(一)南开大学的办学思想与文化积淀

百年南开的办学思想和南开精神影响着幼儿园的发展,同时幼儿园本

---

① 虞永平.试论园本课程的建设[J].早期教育,2001(4).
② "公能根基"课程的内涵在本节后面的部分会有详细阐释.

身是对南开精神传承的体现。幼儿园"公能根基课程"是对南开大学"公能教育"的传承,生活在南开园的幼儿有其独特的气质,南开大学幼儿园的课程也拥有自身的色彩与味道。

习近平总书记曾说过:"南开大学具有光荣的爱国主义传统,这是南开的魂。"①南开大学校长张伯苓抱着"教育救国"的理想创办南开大学,针对中华民族存在的五大弊病"愚、弱、贫、散、私",提出"允公允能,日新月异"的校训,针对弊病确定了"训练方针":重视体育,提出"强国必先强种,强种必先强身"的体育教育理念;提倡科学,重视智育教育,开设"算术""自然科学"等理工科课程;注重道德训练,重视德育教育,倡导要特别着眼于每一个人的人格教育与道德教育。他强调"德、智、体、群"四育并重,教育学生"尽心为公,努力增能",始终坚持爱国主义办学思想和实践,以培养社会所需之人才。②

我们从南开大学的办校理念、校史校训、治学理念等精神内核入手,思索如何为幼儿未来可持续发展奠基,幼儿园应如何担起为国家培养 2035 年建设人才的神圣使命,基于此,确定公能根基的课程理念与培养目标。

（二）南开幼稚园的发展历程及价值追求

南开大学的幼教发展历时百余年,幼儿园历史最早可以追溯到南开系列学校创始人之一的严修先生于 1905 年创办的蒙养院,期间存续不断。

在公能根基教育探索与实践过程中,我们将封存在历史中的优良传统与文化资源通过追忆寻找、整理分析、凝练概括等途径,让经历了幼儿园发展与熟悉幼儿园历史的老园长、老教师讲述幼儿园发展进程中"过去的重大事件",体会在这些重要事件中蕴含的精神与信念;同时,组织全体教师聆听和分享传承有序的幼儿园历史,体会其中传达的教育信念与价值追

---

① 2019 年 1 月,习近平总书记在南开大学考察调研时曾指出.
② 侯杰.巍巍我南开精神[M].南开大学出版社,2019:27-30.

求。南开大学幼儿园的历史是构建园所文化的桥梁和纽带,是南开园文化中不朽的瑰宝。通过对园所历史的回溯,增强了全园教职员工的凝聚力和自豪感,同时丰富了园所文化的内涵。

岁月的磨砺与传承,奠定了南开大学幼儿园特有的文化底蕴。在寻根的过程中,我们深刻地感受到了人与人、人与事、事与事的彼此交好,以及幼儿园不断生长的强大力量。历史是一份难以估量的财富,南开幼教生生不息、开拓创新的品格也将激励全体南开幼教人为教育的美好而不懈追求。

(三)"与幼儿共同生活"的教育情怀

园所的课程理念来自教师"与幼儿共同生活"的教育情怀,师资队伍学历水平较高,大多数教师来自学前教育专业师范院校,其中十几位教师拥有学前教育专业硕士研究生学历。他们怀揣着对幼儿"爱与信任"的信念,以及探寻幼儿内心世界的期许来到幼儿园工作,为公能根基课程建设做出各自的努力和贡献,在与幼儿朝夕相处的过程中践行自己的幼教理念。马克斯·范梅南曾说过:"真正的研究就是要反复回到事物本身来探求事物,直到揭示出事物的本质。这不正是研究的意义吗?只有在与幼儿们的共同生活中受到启发的条件下,才能真正提出教育学的本质问题。"[1]园所尽最大努力为幼儿创设宽松愉悦的学习氛围,尊重幼儿的身心发展规律与年龄特点,积极探索适合幼儿发展的教育方式,鼓励幼儿在游戏中探索、发现、尝试、体验。我们认为,幼儿园应该是每个幼儿开展自身生活、延展个性的舞台,是幼儿与同伴及教师共同生活、互相交流的场所。园所还努力创造以幼儿为原点的幼儿教育,与幼儿共同谋划和展开生活,信赖、接纳、欣赏、倾听、共情、对话、关爱……从而达到师幼教学相长的目标。幼儿

---

[1] 马克斯·范梅南著,宋广文译.李树英校.生活体验研究——人文科学视野中的教育学[M].教育科学出版社,2003:55.

教师不断学习、不断反思、不断研究,用实际行动践行着"幼儿教师既是教育者也是研究者"这一信条。

(四)中外教育先驱的教育思想和哲学思想

中外教育先驱的教育思想是公能根基课程建构与发展的理论基础。我们学习了杜威的进步主义教育思想,鼓励幼儿在做中学、在生活中学。在公能根基课程中,承认和尊重生命的独特存在和生命成长的现实需要,创造一个能让幼儿的生命得到萌发的、真实的、感性的和真正能彰显其主体性的环境,并让幼儿在这样的环境中学习和生活;在公能根基课程中,幼儿的需要和兴趣被充分关注,幼儿的天性被充分尊重;在公能根基课程中,我们充分注重幼儿的主动学习与主动探索,为幼儿创设充满支持的学习和生活环境,支持幼儿以自己特有的方式获取经验。

园所借鉴了卢梭的自然主义教育思想,尊重幼儿内在的自然,利用自然环境促进幼儿的自然发展,让幼儿在课程中获得对生活与学习最重要的内在生命力,在课程中浸润心灵、滋养生命。我们给幼儿创造接触自然、关注动植物、感受生命成长的机会,从而让幼儿珍惜生命、爱护生命。我们认为幼儿的生长自有节律,需要不断研究幼儿当前的状态,了解并满足其当下的生长需要。

园所学习了布朗芬·布伦纳的生态系统理论。幼儿园、家庭、社区作为与幼儿生活密切相关的微观系统,对其发展有着十分重要的作用;幼儿园、家庭和社区三要素之间的关系构成了幼儿发展的中间系统,三者积极有效的互动有利于促进幼儿的发展。在生态系统理论指导下,我们意识到,幼儿教育与其所在的生态文化环境密不可分,适宜的幼儿教育应当与该幼儿园所属的生态文化系统息息相关。基于此,园所在深入分析南开大学的历史和文化底蕴、人文与自然环境等要素的基础上,探索适应"南开大学幼儿园生态系统"的园本课程。

我们研读了陈鹤琴的活教育思想,倡导将大自然、大社会作为活教材,促进幼儿的全面发展。我们坚持一种理念:凡是幼儿自己能够做的,应当让他自己做;凡是幼儿自己能够想的,应当让他自己想。我们努力追随幼儿的心灵,尊重幼儿的天性,关注幼儿的生活,激发幼儿的活力。

我们还从瑞吉欧方案教学中得到启发,鼓励幼儿自主探索。为了倾听幼儿的一百种语言,我们追求创造一个和谐的环境,在此环境中的幼儿、家庭及教师都会感到自在,不断追求提升教育的内在品质,让幼儿在此环境中更聪明、更健康、更具潜力、更愿学习、更好奇、更敏感、更具有随机应变的适应能力、对象征性语言更感兴趣,更能反省自己,更渴望友谊。[1]

我们崇尚华德福教育"滋养幼儿心灵,激发幼儿内在的灵性"的信念,坚持按照幼儿独特的呼吸节奏来安排活动内容,同时努力与家长建构教育共同体,让家长成为课程的支持者、参与者,以及成为课程向家庭乃至社会延伸的实践者。

在中外教育先驱的教育思想指导下,园所充分发掘幼儿教育实践中积累的经验,针对风云际会的时代变化,逐步找到了园本课程的方向和目标,我们的课程理念也更加深厚扎实。

(五)长期的课程实践研究

南开大学幼儿园开办于 1952 年,至今已有 70 年的办园历史。20 世纪八九十年代,幼儿园进行了园本课程——主题综合教育的探索,出版了《幼儿园主题综合教育活动》丛书;根据儿童认识事物的规律、汉字结构规律和汉字表意性强的特点,出版儿童识字阅读读物——《联想识字》,在全国幼教领域产生了一定的影响。此后,幼儿园依托课题《高校幼儿园课程资源的开发与利用研究》,充分挖掘高校家长与社区资源,有效拓展幼儿学习与发展的空间。近些年来,园所坚持"儿童为本、游戏为基"为教育理

---

① 冯晓霞.幼儿园课程[M].北京师范大学出版社,2001,76.

念,结合南开大学的文化、资源等现实条件,深挖园所文化内涵,确定课程理念,开始公能根基课程的探索之路。

园所的理念与实践是紧密结合的,同时不断融入教师的思想与行动,不断在实践中得到印证与发展。本书中的理念和创新性实践并不代表课程研究和建设已经达到很高的程度,更不是一个终点,而是一份阶段性总结。在课程实践与教师的思想和行为中,公能根基课程会继续得到拓展和升华,我们将不断超越自我,追求更高目标。

二、公能根基课程理念的内涵

(一) 公能根基课程的内涵

公能根基课程中,公能二字来自南开大学的校训"允公允能,日新月异","公能校训"由南开大学第一任校长张伯苓提出,其内涵有重要的时代意义。公能教育的最终目标是克服中国人"愚、弱、散、贫、私"的五大病态,培养学生"爱国爱群之公德"与"服务社会之能力"。在"公能"校训中,"能"指能力,即有为国家办事的能力;"公"指为国家、为社会承担一定的责任,更重要的是要求南开学生能够忘私克私、具有团结合作的精神;"日新月异"指的是不仅要能接受新事物,而且要成为新事物的创始者。[①]

幼儿教育不同于高等教育,公能根基课程里公能的内涵也不同于"允公允能,日新月异"里的公能。我们的幼儿——小小南开人,应该具有怎样的南开品格?在对校史与园所内涵的解读中,我们对公能赋予了新的含义,即南开大学幼儿园的公能内涵:"公"指的是具有爱的品格,爱自己、爱他人、爱自然、爱南开、爱祖国;"能"意指适应现代社会的能力,即公能根基课程培养目标:"强的体魄、雅的言辞、善的品行、活的头脑、美的艺趣。"根基的内涵:幼儿教育具有基础性和奠基性,应该为幼儿的终身可持续发

---

① 侯杰. 巍巍我南开精神[M]. 南开大学出版社,2019:27-28.

展奠定一定的基础。当根须扎得足够深时,种子才能有冲破世界的力量。我们希望能够将"情与智"的种子埋藏在幼儿的心中,致力于为幼儿的生长力和生命力积蓄能量,为种子生长成参天大树做好护根、蕴根工作。

(二)公能根基课程理念

以《幼儿园教育指导纲要(试行)》与《3~6 岁儿童学习与发展指南》为指导,公能根基课程以"儿童为本、游戏为基"作为教育理念,在课程开发与实施过程中遵循"主动、开放、多元"的课程理念,指导课程设计与课程实践的全过程,这三大理念交融互动,共同融入园所的思想和行动中去。如表 1-1,1-2,1-3 所列。

表 1-1 "主动"内涵解读

"主动"内涵解读		
幼儿是主动的	自主选择	幼儿在幼儿园中的主体地位决定幼儿具有主动选择的权利,教师需给予幼儿自主选择的机会。
	主动参与	幼儿不是被动的接受者,是课程的参与者。幼儿主动参与课程决策要求教师尊重幼儿的兴趣需要。
	实践感知	幼儿在"直接感知,实际操作,亲身体验"中获得有益经验。
教师是主动的	做有准备的教师,为幼儿选择适宜的教育策略,创造一个支持性的环境以及"脚手架"来发挥教育者的作用。	

表 1-2 "开放"内涵解读

"开放"内涵解读	
时间是开放的	时间是延展的,在园内的作息时间不是固定的,活动时长具有伸缩性。
空间是开放的	班与班的空间是开放的,幼儿园与外界的空间是开放的,挖掘园外资源的教育价值。

续表

内容是开放的	课程的内容不是禁锢的,而是从儿童的生活与兴趣中提取出来的。课程资源来自大自然、大社会,源于幼儿的实际生活。既传承经典又面向未来。
心态是开放的	教师要有不断学习的意识,有反思的能力,不故步自封、墨守成规。
角色是开放的	幼儿、教师、家长、社区等之间彼此对话,互相联通。发挥幼儿与教师的"主体间性"①;幼儿园和家长之间携手共同促进幼儿的成长。

表 1-3　"多元"内涵解读

"多元"内涵解读	
参与主体多元	教育的主体是多方的,包括幼儿、教师、家长、专家等,每一个主体都是教育过程必不可少的部分。
学习方式多元	幼儿获取经验的途径不是唯一的,决定了幼儿的学习方式也是多元的。幼儿可以通过独自学习、小组学习、集体学习等方式获得截然不同的体验,通过多感官获得经验。
幼儿智能多元	每个幼儿都是一个独立的个体。幼儿的多元的智能决定了每个幼儿发展潜能的各异。因此,因材施教是对幼儿多元智能最大的尊重。

---

①　在以平等为基础所进行双向的、富有人文关怀的并最终达成共同理解的互动过程中所体现的内在属性。

第二节 公能根基课程理念的根基

课程理念是课程实施者付诸实践的教育教学信念,它是课程的灵魂和支点。[①] 在课程探索之初,我们也有理念模糊的时候,也怀有理念与实践脱节的困惑。我们不断思考:如何才能使理念与实践相契合？课程理念与课程目标、内容是怎样的关系？经过长期实践后,我们意识到课程理念不是凭空产生的,它是建立在课程研究实践基础上的,更需融合对自己园所教育文化的认同和对优秀教育理论的借鉴。同时,课程理念往往能够反映出课程编制者的儿童观与教育观,儿童观与教育观会体现在课程编制的每一个环节,课程内容、实施和评价会成为在课程理念统合下的协调整体,并发挥其总体的功能。也就是说,课程理念需要能够解决教育者在教育实践中的问题。南开大学幼儿园建园几十年来的教育积淀以及南开大学的办学思想,使得公能根基课程有了丰厚的生长土壤。在儿童本位思想指导下,公能根基的教育实践也变得更加科学、更加智慧。

一、我们眼中的幼儿

(一) 幼儿是独立的个体

我们坚信幼儿是一个拥有充分的生存和发展权利的人,幼儿和成人一样是社会与文化的参与者,也是历史的创造者。联合国《儿童权利公约》确立了儿童的四项基本权利,即生存权、发展权、参与权和受保护权,幼儿

---

① 虞永平,原晋霞,全国高等教育自学考试指导委员会.幼儿园课程[M].高等教育出版社,2014:36.

有权利发表自己的看法,有权利得到成人的尊重和理解。[①] 同时,作为"发展中"的人,儿童有权利从成人那里得到帮助,这种帮助可以让儿童体验到人们之间的友爱、关心、合作、对话、沟通和理解。在活动中,我们坚持"教育爱",平等地和幼儿交流,尊重幼儿的天性;在活动中,我们站在幼儿的角度去思考,以幼儿的思维和立场来看待他们,不以成人的想法取代幼儿的想法,不以成人的期望抹杀幼儿的兴趣。

(二)每个幼儿都是不一样的

"世界上没有两片完全相同的树叶",我们认为每个幼儿都有自己内在的"发展时刻表",所以不能用一把尺子丈量所有的幼儿。教育的目的在于促进幼儿在原有水平上进步,充分尊重幼儿的个体差异。在教育中,我们坚持尊重每一个幼儿的发展节律,同时满足对幼儿自尊、自信和成就感的需要。在实践中,教师尊重每一名幼儿的人格与内在需要,关注他们的观点、想法。我们在关注全体幼儿的同时,更要善于捕捉个别幼儿身上的闪光点。正如加德纳所说"幼儿智能是多元的",幼儿学习的方式是多元的,幼儿成长的方式是多元的;那么,幼儿发展的可能性也应该是多元的。基于这种理念,教育的存在方式也是多元的。

每个幼儿都是独一无二的个体,都有一份与生俱来的特质。每个幼儿的个性都需要被尊重,兴趣需要被点燃,灵感需要被激发。教育是一件慢的、自然而然发生的事,每个幼儿都应该享受幸福而完整的教育生活。

(三)幼儿是主动的学习者

皮亚杰的建构理论认为,幼儿是有能力的学习者,他们在与自我、他人和环境的对话中建构客体之于"我"的认知,形成对世界的朴素认识。幼

---

① 百度百科.https://baike.baidu.com/item/儿童权利公约.

儿对世界充满兴趣,总是渴求着知识,他们是自身和外部世界的探索者、发现者,是学习的主人。幼儿有自己独特的学习方式,通过积极的知识建构,实现自身的发展。刘晓东曾说:"儿童有他自己的思想,有他自己的世界,他的思想和世界不是成人灌输给他的,而是他自己建构的。"①因此,在公能根基课程中,我们倡导幼儿通过直接感知、亲身体验、实践操作的方式获取经验,以游戏作为基本活动,教师与幼儿共同创设探究式的环境,幼儿在真实的情景中主动发现问题,解决问题,在自主探究中获得经验,进行知识的建构。

(四) 幼儿是天生的创造者

幼儿充满了无限的能量与潜力,正如一颗发芽的种子,蕴藏巨大的能量。他们是建筑师,用积木、沙土、石块等低结构材料建造桥梁与未来世界;他们是艺术家,用画笔、颜料、肢体塑造一个个奇妙的艺术品;他们是警察、医生……正如马拉古奇在《儿童的一百种语言》中所说:

儿童/由一百种组成/儿童有/一百种语言/一百只手/一百种思想/一百种思维方式、游戏方式、说话方式/一百种,一百种方式/聆听、惊喜和热爱/一百种喜悦/去歌唱和理解/一百个世界/去探索/一百个世界/去创造/一百个世界/去梦想/儿童有一百种语言/一百又一百/但有人偷走了九十九种/就是学校和文化/把他们身心分离/他们告诉儿童/不动手而思考/不动脑而行动/只听不说/理解了也毫无乐趣/喜爱和惊奇/只属于复活节和圣诞节/他们告诉儿童/在已知的世界里探索/一百种中/他们偷走了九十九种/他们告诉儿童/学习与玩耍/现实与幻想/科学与空想/天空与大地/理智与梦想/都是水火不容的/因此

---

① 刘晓东.儿童精神哲学[M].南京师范大学出版社,2003:396.

他们告诉儿童/没有一百种/儿童说/不,就是一百种。①

因此,对坚持公能根基教育理念的教师来说,使命就是保护幼儿的好奇心,滋养幼儿的心灵,激发幼儿表现的兴趣,萌发幼儿创造的意识,培育幼儿探究的能力。

(五)幼儿是游戏的主体

游戏是幼儿的天性,幼儿的世界是充满诗情画意的世界,他们就像快乐的精灵,充满灵性、率性纯真。② 游戏是正在成长中的儿童最大的心理需求,幼儿需要游戏,就如需要安全和食物一样,因为游戏是幼儿发展过程中一种内在的需要,所以在游戏中,幼儿总是愿意自发地、积极地投入进去。游戏不仅仅是幼儿的需要,还是幼儿的权利;同时,游戏能够切实地满足幼儿多方面的需求,对幼儿的发展具有重要的价值。

游戏作为幼儿最基本且有效的活动形式,与幼儿的关系相得益彰。游戏因幼儿而变得丰富多彩,幼儿更因有了游戏而显得更加灵动和聪慧。当谈论到学前儿童教育问题时,游戏不可避免地被提及并受到重视。

基于"尊重幼儿天性,尊重幼儿发展"精神的前提,我们开始探索一条适合幼儿、支持幼儿能力发展的游戏课程。在公能根基课程实践中,我们强调尊重儿童的主体地位,强调游戏在幼儿园一日生活中的基本地位,确立"儿童为本,游戏为基"的教育理念,并不断指导行动、充实实践。

(六)幼儿有其自身发展的节律

上帝给我一个任务/让我牵一只蜗牛去散步/我不能,走太快/蜗牛已经尽力爬/为何每次却总是那么一点点/我催他,我唬他,我责备

---

① 卡洛琳·爱德华兹等.儿童的一百种语言[M].南京师范大学出版社,2008.
② 汪丽.田野课程构架与实施[M].南京师范大学出版社,2008:14.

他/蜗牛用抱歉的目光看着我/咦？我闻到花香,我感到微风/原来这里还有个花园/原来夜里的微风这么温柔/慢着,我听到鸟叫,我听到虫鸣/我看到满天的星斗多亮丽/咦？我以前怎么没有细腻体会/我忽然想起来了,莫非我错了/是上帝叫一只蜗牛牵我去散步。[①]

作家张文亮的小诗《牵一只蜗牛去散步》展现了幼儿的生长有其自身的节律,成人需要遵循幼儿生长的内在时刻表,让幼儿按照自己的节奏呼吸和思考,慢下来,静待花开……

二、我们眼中的教师

很多人对幼儿教师的看法有些片面,认为这是一个简单的职业,无非是看好幼儿、哄好幼儿。其实,幼儿教师的工作并非如此,幼教工作更是一项专业性极强的工作。在幼儿园里,教师每天都扮演着多种角色:幼儿学习活动的支持者、合作者,游戏时的玩伴,生活中的"照料者",同时也作为课程的创生者。在公能根基课程中,教师的角色含义如下:

(一)教师是幼儿生活的照料和引导者

作为"发展中"的人,幼儿的身心发育还不完全,教师需要承担起幼儿生活照料的角色,这需要教师在与幼儿相处的过程中具有爱心、耐心、细心和责任心,凭借母亲般的胸怀,做好幼儿的生活照料和养护。当幼儿遇到困难时,我们会和他们一起想办法;当快乐需要分享时,我们会让快乐随心飞扬;当难过需要倾诉时,我们会给予最温暖的怀抱。除生活照料之外,教师一方面通过自己的情感、态度、价值观,以一种潜移默化的方式去感染幼儿;另一方面,通过开展各类生动多样的活动,塑造幼儿积极向上的态度、开朗的性格、愉悦的心境和完整的人格,为幼儿的终身可持续发展打下坚

---

① 张文亮.牵一只蜗牛去散步[M].中国工人出版社,2010.

实的基础,努力成为幼儿幸福生活的引导者。

(二)教师是幼儿学习的支持者

为了能够有效支持幼儿的学习,教师必须是观察者、评价者和指导者。教师需要观察幼儿在活动中的行为表现,评估其发展水平和发展需要,并基于此提供适宜的材料和环境,通过创设显性和隐性的环境,引发幼儿的兴趣和好奇心,支持并鼓励幼儿的自主探究,给予幼儿适宜的指导。具体而言,在主动学习的情境中,教师的作用还体现在以下几个方面:依据《3-6岁儿童学习与发展指南》来观察和解释每个幼儿的活动;评价幼儿的发展水平和发展需要;设计并创生建立在幼儿的经验和兴趣之上的活动;创设支持性学习氛围和互动关系;布置学习环境,让幼儿在舒适且有秩序的环境中进行主动学习;鼓励幼儿有目的、有计划地活动、解决问题和反思。

(三)教师是幼儿童年的守护者

幼儿并不是一张白纸,而是有能力、有自信的学习者和沟通者,教育幼儿意味着教师要尽其所能,用各种方法来赋予每一个幼儿力量。而守望幼儿的童年,也意味着教师的自我肯定与坚守,用专业发展的眼光去思考和探索幼儿的可持续发展。我们认为,教育的过程就是播撒种子的过程,是让这些种子根植于大地、等待它慢慢长成一棵大树的过程。刘晓东曾说过:"童年拥有丰饶的人性资源和人文资源,童年是人生的井,是人类文化的根系,是一切人文世界的根系,因而童年、童心和儿童是值得成人珍视和敬畏的。"[1]因此,作为童年的守护者,需要向童年致敬,尊重童心,尊重儿童的生活,珍惜童年的价值和儿童的文化。教师幸福感获得的源泉在于了解儿童、尊重儿童、善待儿童、跟随儿童,始终保持一颗"赤子之心",眼中有光芒,心中有儿童。

---

① 刘晓东.向童年致敬[J].中国教育学刊,2018(05).

（四）教师是幼儿园课程的设计者

教师是课程开发的主要参与者。公能根基课程具有"主动、开放、多元"的特点,这就为教师创造性地进行课程设计提供了更加广阔的空间。需要指出的是,教师在课程设计时,需要站在幼儿的角度设计课程,如此才是有效的课程。有效的课程是指:在师幼互动的过程中,教师通过对幼儿的经验、需要与感兴趣的事物进行观察判断后,不断调整活动目标、内容与形式,从而促进幼儿有效学习的过程。

教师是课程的实施者和研究者。教师在课程实践的过程中并不是忠实地照搬课程计划,而是以一个研究者的身份和眼光去审视课程的实施过程。这是一个能动的、创造性的实践过程,是一个发现问题、分析问题、解决问题的研究过程。

教师是课程资源的开发者与利用者。教师是资源的发现者、收集者和组织者,利用一双善于发现、善于观察的眼睛,开发幼儿生活中的资源,有效拓展幼儿学习与发展的空间。

教师对公能根基课程充满情感且能够全身心投入时,就会对课程内涵有更深层次的理解,并使得课程理念成为自己工作的理念和行动的指南。同时,教师通过多种方式将自己所感悟到的课程理念和在实践中积累的真实经验向家长、社区进行传播和推广,实现课程参与主体的多元化。

（五）教师是基于行动的反思者

由于学前教育工作的特殊性,在工作中,教师常常会面对很多困难与难题,尤其是对于新入职的教师更是如此。为了能够更快完成自我实现的价值,获得职业幸福感,教师需要不断地反思。波斯纳曾说过,成长=经验+反思。教师的专业成长体现在教育教学技能及教育行为的改善上,实现教师专业发展的途径是教育研究。教师的优势在于实践,教师最有效的研究方法是行动研究,如果脱离了实践的现场,教师的研究就将失去存在的意义和价值。教师研究的问题是基于对现场的观察和对行动的反思,教师的研究方式是灵活多样的,包括记录和评价、个案追踪、合作交流、观摩研讨、教育评估、方案审视、效果分析、主题回顾等。

每位教师都有自己的教育智慧,我们认为在与幼儿完成学习、生活过程的每一个环节,教师都应当对自己的教育观念、知识技能以及情感智能进行深度思考,全情投入,和事物建立深入的联结,并从中获得内在的滋养。

三、我们眼中的课程

(一)公能根基课程的内涵

课程是什么?幼儿园课程与其他学段的课程具有哪些不同之处?经过反复调研,我们逐步厘清课程的内涵。原晋霞、虞永平对课程概念做出了分析,将课程分为四类:一是课程即知识:认为课程是按照学习者的实际水平,依照学科的知识体系等编排的教与学的内容,简言之,课程就是教学科目或教学科目的总和;二是课程即计划:认为课程是一种行动计划或一种书面文献,是教学要达到的预期目标;三是课程即活动:认为课程不仅仅是教学科目,还包括学校活动及其进程和安排;四是课程即经验:认为课程就是学生在教师指导下所获得的经验和体验。根据学前儿童的年龄特点,幼儿园倾向于将课程定义为经验和活动。幼儿园课程是为实现幼儿园教育目标,教师充分利用各地各园所拥有的课程资源,帮助幼儿获得有益学习经验的各种活动的总和。①

由此,园所确定了公能根基课程的基本定义:公能根基课程是以南开

① 虞永平,原晋霞,全国高等教育自学考试指导委员会.幼儿园课程[M].高等教育出版社,2014:28-30.

大学及幼儿园自身的文化为基础,以幼儿的发展状况、现实需要、成长环境为核心,以幼儿的主动学习为基本形式,以季节活动、系统活动、项目活动、种植活动、表演活动、亲子活动等活动为途径,整合幼儿园、家庭、社区的各种资源,促进幼儿在原有水平基础上全面、和谐发展的各种活动的总和。

(二)公能根基课程的特点

1.公能根基课程具有自然属性

人的生命具有双重属性:生物性和精神性。公能根基课程既要促进人的生物性生命的成长,又要促进精神性生命的成长。无论是生物性的生命还是精神性的生命,都有其生长的自然规律。幼儿的生命首先是自然的生命、生物性的生命。人类生命来自自然,是自然进化的产物,人类的生命历程和所有生物一样,要经历出生、生长、成熟、衰老和死亡的过程,整个过程的发展都有内在的自然规律,有其顺序性。教育要遵循人类生长发育的规律,让幼儿的自然生命获得健康发展。另一方面,幼儿精神世界的成熟和发展也有一个自然的规律。幼儿心智的成熟、自我意识的获得、思维的发展、价值追求的确立,都有先后顺序,有其内在规律。教育要遵循幼儿心理发展的规律、精神发展的规律,让幼儿内在的精神世界得到成长。为幼儿提供适宜的教育,实现幼儿的身心和谐发展。

(1)创设自然的环境

人的生命是在自然中孕育和生长的,人是自然的一员,也依赖自然。亲近自然、热爱自然是人的天性。丰富多彩的自然充满奥秘,等待着幼儿去探索发现。南开大学自身丰富的自然环境为公能根基课程提供了重要的资源,环境中的一草一木皆可引发课程。春华秋实、飞禽走兽、四季变化……都隐藏着生命的秘密。幼儿在认识动植物的过程中认识生命的开始、生长、成熟、死亡,了解生命的循环周期,亲身感受生命的历程;在亲自照顾动植物的过程中,学习关心生命、保护生命,进而学会爱惜自己、他人以及动植物的生命;在亲近大自然的过程中,认识自然,欣赏自然,发现人与自然、人与其他生物的关系,萌发热爱大自然、热爱生命的情感。

公能根基自然课程中,春看桃夭、夏赏荷碧、秋观红叶,冬感雪趣。春天到了,万物复苏,师幼开展以"寻找春天"为主题的远足活动,幼儿拿着调查表寻找春天里的一百种颜色;秋冬之交,南开园里色彩斑斓,红的、黄的、绿的……美不胜收,幼儿们在远足活动中欣赏南开园的秋色,通过摄影为自制的镂空小人穿上南开秋景,在远足活动中感受美、发现美、创造美。

(2)遵循幼儿身心发展的自然规律

幼儿身心发展具有整体性、顺序性、阶段性和差异性,教育要尊重幼儿身心发展规律。幼儿教育的首要任务是保护幼儿的生命,促进幼儿身体健康发育,让幼儿拥有健康的体格、美丽的心灵。幼儿在走、跑、跳、投、攀爬、翻滚、平衡等身体活动和游戏中,体能得到提高;在一日生活中,养成良好的生活习惯和卫生习惯;在体育锻炼、游戏活动等多种活动中,获得保护自己的方法。幼儿的心理和精神成长也有一定的规律,教育要促进幼儿心理和精神的成长。幼儿好奇好问,对世界充满好奇心和求知欲,对事物有自己的朴素认识。教育要以幼儿的兴趣和需要为出发点和落脚点,充分考虑幼儿的年龄特点和个体差异,尊重幼儿的学习方式和学习特点,选择适宜的教育内容,以游戏作为幼儿园的基本活动,避免"小学化"倾向。引导幼儿自己发现问题,探索问题,在直接感知、实际操作、亲身体验中获得直接经验,在获取直接经验的过程中,丰富幼儿精神世界。

(3)尊重幼儿发展的个体差异

每个人都是独一无二的个体。幼儿在沿着相似进程发展的过程中,各自的发展速度和达到某一水平的时间不会完全相同。每个幼儿的学习兴趣、需要、经验、学习特点、学习能力、发展特点与水平,也都各不相同。教育要充分理解和尊重幼儿发展进程中的个体差异,利用小组教学、区域活动、个体化学习等方式,为个体的发展提供时间和材料,照顾不同发展速度和水平的幼儿,满足不同幼儿的兴趣需要,让每个幼儿得到在自己发展水平上的支持,让幼儿个性得到充分发展。切记不能用同一把尺子衡量所有的幼儿。

2. 公能根基课程具有经验性

经验是人们生命活动的外在表现和内在历程。它既是名词,表示人们渴望学习的知识、技能;也是动词,表示人们正在经历、体验的活动。因此,公能根基课程尊重幼儿的天性,为幼儿提供丰富的材料、充分的时间和空间以及适宜的人力支持,让幼儿持续性地参与游戏活动,在操作和对话中获得对自我、对他人和对世界的认识和经验。同时,经验是连续的,课程应立足幼儿的原有经验,适当允许重复经验的存在,并通过各类教育活动,促进幼儿新经验的产生;经验是交互的,公能根基课程应发挥幼儿的主体性和能动性,让幼儿在与周边环境的相互作用中,建构自己的认知。

(1)尊重幼儿的生活世界

幼儿的生活是幼儿熟悉的、可感知的和易于接受的,以幼儿的生活为基点展开的教育,是幼儿获取经验的重要路径。这意味着,一方面课程的内容要从幼儿的生活取材,要立足于幼儿当下的、现实的、整体的生活,不是成人强加给幼儿的抽象的生活,也不是社会期待幼儿将要成为的未来的生活;另一方面要善于将幼儿已有的生活经验与课程将要实现的目标相联系,使幼儿在生活中习得经验,并将之转化为生活的一部分。总之,教育的过程应当是幼儿在生活中获得经验的过程,公能根基课程要从幼儿的生活出发,让幼儿在真实的生活中发现、探究和解决问题,从而获得各种经验。公能根基课程立足于幼儿生活的环境来设计教育活动。

自2020年以来,幼儿第一次面对疫情,第一次进行核酸检测,第一次打新冠疫苗……这些已经成为幼儿们生活中必经的生活经验。园所将这些贴近幼儿生活的社会现象作为幼儿园课程的内容,深入挖掘其背后的教育价值。结合幼儿的疑问,蹲下来倾听他们,静静支持他们,组织幼儿开展

"打针我不怕""我有一本小红书""三秒钟的疼"等主题教育活动,与幼儿共同面对打疫苗这件"特别"的事。

（2）重视幼儿的实践操作

幼儿是一个未成熟的个体,通过感觉、动作和联想与周围的人、事、物发生互动,获取知识、技能和情感的发展。换句话说,幼儿经验的获取既是幼儿行动的结果,又是幼儿直接感知、亲身体验和实践操作的过程。公能根基课程中,我们放弃教师怕麻烦、不相信幼儿能够独立完成任务的包办代替行为,减少用图片、影像、假物等替代物进行的间接教学,为幼儿创设真实的、丰富的、多样化的学习环境,让幼儿实现"做中学"。教师为幼儿准备好活动材料后,可以先退居一旁,观察幼儿如何在活动中行动,于试误中、反思中主动建构自己的认知,适时提供材料、语言、人力等支持,帮助幼儿获得鲜活和愉悦的情感体验。

种植园遇到了"浇水不均衡"的问题。地势高低不平,有的苗能浇到,有的苗则浇不到。浇水不均导致苗苗长势大小不一,这可难坏了娃娃们。怎么浇水才能保证蔬菜苗苗顺利长大呢? 如何浇水方便? 浇水小分队把这个消息带给了其他幼儿,于是一场关于"解决浇水难"的探索在幼儿园里传开。

（3）重视幼儿的早期经验

早期经验对幼儿个体来说,不管是积极的,还是消极的,都具有累积效应。它是一种推动力,预示着幼儿未来学习、生活的方向和结果,是人生命成长的基石。因此,公能根基课程把握对幼儿终身发展有益的经验,在幼儿期埋下人之为人和人之一生的优良品质的种子,使幼儿成为未来祖国建设的接班人。具体表现为:激发幼儿的学习动机,关注幼儿在活动过程中表现出的积极态度和良好行为倾向,如主动性、坚持性、创造性、合作性、反思性等;设计以幼儿为本的一日活动,请幼儿自主制定规则、实施活动计划、自行解决冲突、自觉收放玩具等,使幼儿养成动手、探索、独立的好习惯,促进幼儿的社会性和情感发展。

3.公能根基课程具有创造性

人与动物最大的区别是人具有创造性。这是因为,人通过创造活动来改变自然、改造世界,并能有意识地支配自己的生命,从而超越生命的被动性,实现生命的存在价值。因此,创造是推动生命前进和发展的动力,人类的发展过程也就是创造的过程。公能根基课程是一种创造性教育,倡导教育要回归生命,以人为本位,要珍视生命中潜在的可能性,发掘生命独特的潜能。既然每个人与生俱来就有创造的本能,每个人的心灵深处都有创造的需要,教育就要顺应生命的自然,呵护、唤醒人的创造潜能,发展人的创造力。

(1)创造是幼儿的天性

广义的创造是指个人从事的活动,只要与自己的过去对比是新颖的、独特的和具有突破性的,就是创造。因此,人人皆可创造。创造是幼儿的天性,每个幼儿都具有创造的潜能。这是因为每一个幼儿都有天生的好奇心和强烈的求知欲,每一个幼儿都有自发探究的生命冲动,每一个幼儿都是能动的实践主体。正如马斯洛提出的:"几乎所有的幼儿,在受到鼓舞的时候,在没有规划和预先意图的情况下,都能创造一支歌,一首诗、一个舞蹈、一幅画、一种游戏或比赛。"①

公能根基课程遵循幼儿精神生命的自然发展规律,关注他们创造心理发展的多样性和差异性,保护幼儿的好奇心和求知欲,尊重他们的兴趣爱好,发现他们的优势特长,给予幼儿鼓励、支持、肯定和信任,呵护、唤醒每一个幼儿的创造潜能。

(2)创造满足幼儿自我实现的需要

自我实现的需要是最高等级的需要,是一种创造的需要。人都希望自

---

① 李朝娟.幼儿园课程评价与幼儿创造潜能开发的研究[D].湖南师范大学,2007:4.

己竭尽所能,成为一个发现者、探索者、创造者,实现自己的理想、愿望和目标,获得成就感。在幼儿的精神生命中,这种需要更加强烈。他们渴望了解周围的未知世界,他们渴望解决各种各样的问题,他们渴望像成人一样生活。于是,他们常常通过游戏穿梭于想象与现实之间,创造性地思考和展示自己认知;他们常常展开丰富的联想,异想天开地把生活中毫无关系的事物进行联系,象征性地以物代物,以独特的方法解决各种问题;他们常常动手动脑,用"相加"的方法进行创造,产生"新事物"……幼儿在无拘无束的创造过程中,享受着成功的喜悦,不断获得自我认同、自我肯定的情感体验。

公能根基课程珍视幼儿的创造需要,理解幼儿的想象和创造行为,包容幼儿的缺点和不足,引导幼儿观察、提问,因势利导,激励幼儿自由想象、自主思考、大胆质疑,尊重和支持幼儿的创造,让幼儿享受创造的快乐。

(3)创造融于发展领域之中

创造是一种精神,创造是一种品质,创造是一种能力,创造是一种心理结构。公能根基课程主张把创造融入课程环境中,为幼儿创设宽松和谐的创造氛围,提供安全且具有挑战性、启发性、创造性的学习环境。鼓励幼儿积极地与环境相互作用,充分发挥环境的教育功能。

公能根基课程主张把创造融于身体、认知、情感、社会等所有发展领域中,把创造融入一日生活的各项活动中,培养具有"活的头脑"的幼儿。积极践行陶行知先生提出的"六大解放",以激发幼儿的创造意向,培养幼儿的创造性思维,养成幼儿的创造性。

4.公能根基课程具有生长性

生长是生命的本质特征,是未成熟个体为适应环境所表现出的强大内驱力。杜威说,生活就是发展,不断发展,不断生长,就是生活。幼儿在生活之中,获得生命的生长。公能根基课程是生长的,通过课程,使幼儿的心灵得到自然的释放。

（1）尊重幼儿生长的节奏与规律

生长是自然赋予幼儿的本能,教育的目的是尊重生命生长的节奏与规律,促进个体生命的生长。幼儿作为生长的有机体,处在人生发展的关键时期,与成人有着不一样的节奏与规律。因此,幼儿教育要求我们必须尊重幼儿生长的节奏与规律,满足幼儿的本性,顺其自然地帮助幼儿获得天赋的能力。那些违背了自然规律的生长,无论是揠苗助长的稻谷,还是反季大棚的蔬菜,都缺少了自然原本的滋味。

我们要注意到生长的目的在于过程,而不是结果。如果忽视了过程的重要性,任何美丽的种子都长不成甜美的果实。对于幼儿,我们不应尝试加速甚至跨越幼儿的发展阶段,避免产生那些"年纪轻轻的博士"或者"老态龙钟的儿童"。

（2）关照幼儿生长的全面性

幼儿的发展具有基础性和差异性,这要求我们要注意幼儿教育的全面发展和个性生长。幼儿的发展要考虑个体生长的全面发展以及人类的全体发展。所谓全面发展,即人的全面发展,既包括人的体力或智力的充分发展,又包括人在德智体美各方面和谐的发展。公能根基课程注重人的全面发展,这里的全面发展是指幼儿人格个性的全面发展,包括身体动作、语言认知、社会交往、情绪情感和创造性等。

要知道,人的全面发展是人格个性的全面发展。全面发展不是单个幼儿各个方面的全面发展,而是对于全体幼儿个性能力的全面发展。因此,生长的课程应根据幼儿个体差异的需要,去发展幼儿感兴趣、所需要的课程,以此来达到全面发展的目的,教育的过程是个体全面生长的过程。

（3）兼顾课程的连续性和发展性

幼儿是幼儿园课程永恒的主人,幼儿在经验中生长,也在生长中获得经验。幼儿园课程的目的就是实现幼儿经验的积累与转化。在这一过程中,经验变得充满生命力,从而满足幼儿生命生长的需要。课程是一个动态的、非线性的过程。由于课程源于生活,而生活本身是个变化的过程,生长也就是变化的过程。在这个过程中,幼儿的个性经过萌发、生长、成熟阶段,没有片刻停息。同时,课程是一个创造的、生成的、不确定的、有生命力的过程。在这一过程中,课程随着幼儿生长的需要,随着幼儿经验的情境不断变化,激发着幼儿天赋的能力。

幼儿园课程要考虑课程的连续性。恰如生长,不是凭空的缘起。每一次新的生长都建立在已有生长的基础之上,课程是如此,幼儿的经验也是如此。此外,课程要考虑幼儿生长发展的需要,必须将课程的建构与幼儿的实际生活、经验生长结合起来。在课程的延续上,要根据未来学习与发展的需要,做出适当的调整,以满足幼儿生命生长的需要。

5.公能根基课程具有完整性

完整的课程认为,幼儿的生命是完整的,幼儿生活是完整的。生活是生命的动态表现,生命的完整性注定幼儿的生活是完整的,是连续不断的。完整的课程既关注幼儿的身心和谐、自由的发展,也关注幼儿园、家庭和社会的合作在幼儿发展的重要作用。幼儿是在与环境的互动中学习和发展的,幼儿完整的发展离不开和谐的人际关系。教师、家长及社会其他人员都对幼儿的发展产生着重要的影响。公能根基课程是完整的,课程应该创造支持性的学习环境,在积极、平等、开放、参与、合作的氛围中,通过选择丰富多样的学习经验,开展形式多样的活动,促进幼儿身体、情感、社会性、认知的全面发展,促进教师、家长等课程参与者的共同进步。

(1)课程指向幼儿完整人格的发展

人的生命是自然生命、社会生命和精神生命的统一。人的生命的自然性是生命存在的前提,离开了自然生命,人的精神、理性、道德就丧失了基础;人是社会生命的存在,人的生命不仅属于个人,也属于社会。人区别于动物,在于人具有精神生命,这种精神生命使人能不断超越自我,走向个体生命的自由。完整的人是身体、认知、情感、社会性全面发展的人,完整的人是自由发展的人。这意味着教育既要让幼儿获得基本的生活经验、知识和技能,培养幼儿适应生活的能力,又要促进幼儿情感、态度及创造力的发展。因此,课程应当关注幼儿当下的现实生活,关注幼儿的兴趣和需要,要创设丰富多样的环境,通过多样化的活动促进幼儿多方面的发展。同时,关注幼儿的主体地位,让幼儿在自由、民主、开放、平等、合作的氛围中自主学习、自主选择、自主探索、自主参与、自主决策,成为具有独特个性的、自由的人。

(2)课程是整合的、连续的

幼儿的发展是整体的、连续的,不是单一的;是有机联系的,不是割裂的。发展的完整性包括如下几项含义:首先,每个幼儿的身心发展都要经历一个普遍的顺序;其次,幼儿的认知、情感、社会性等方面的发展是整体的,某一方面的发展和另一方面的发展是相互联系的;再次,幼儿的发展是持续不断的,前一阶段的发展是后一阶段发展的基础,而不是各自独立发展的。因此,课程的组织和实施应该符合幼儿发展的整体性、连续性的特点。课程是整合的,意味着要课程实施者应尽可能使不同的课程内容产生联系,使多个学科、多个领域之间相互联系,相互促进。通过集体活动、区域活动、个体活动等多种多样的活动组织形式,整合健康、艺术、社会、语言、科学等多方面的知识和经验,促进幼儿身体、认知、情感、社会性等多方面的发展,掌握关于某一事物、某种现象的完整经验。课程是连续的,意味着课程实施者要关注幼儿经验的连续性,要将幼儿在家庭和社会中获得的知识经验与幼儿园的生活联系起来。同时,关注前一个活动和后一个活动之间经验的有机联系,关注幼儿不同发展阶段课程内容的相互衔接,利用档案袋、幼儿自评、家长参与等多种方式评价幼儿的发展,了解幼儿现有的经验水平,制订相应的教学计划。课程的整合性、连续性意味着课程是一个发展的、随着幼儿的发展而不断发展的过程。

（3）课程是幼儿园、家庭和社区共同参与的

人是社会生命的存在，人的生命不仅属于个人，也属于社会。人只有在社会中，才能获得属于人的一切特征，也是人之为人的关键。幼儿的生活是完整的，是家庭生活、幼儿园生活和社会生活的统一。幼儿园课程实施的过程，是幼儿、教师、家长以及社会其他人员共同参与的过程。完整的课程关注幼儿的主体地位，为幼儿提供丰富的、适宜的、有层次的材料，让幼儿在不同的活动当中（如区域活动、小组活动、户外活动等）根据自身的兴趣和需要自由选择活动，在主动探索和操作中学习，获得多样化的经验、知识和技能。教师是课程直接的参与者，引导着家长、社会其他人员共同为幼儿的发展服务。因此，教师应当充分利用家庭和社会资源，组织幼儿走出幼儿园，走进社区，走进社会进行访问、参观和实践，或邀请家长、社会其他人员参与到课程当中，为课程实施助力。家长是课程的支持者，是重要的课程资源，既为幼儿园提供了大量的信息和材料，又参与到了课程实施的过程；家长是幼儿发展的评价者之一，参与了课程评价的过程，为课程的改进和发展提供建议。教师应经常倾听家长关于课程内容、课程实施和课程评价的意见，让家长参与到幼儿园教学活动和教学计划当中，同时采用亲子活动、家园开放日、家长委员会、家长志愿者、家长体验等多种方式，帮助家长更好地理解幼儿园的课程，为幼儿园课程的实施提供支持，构建家园学习共同体。

四、我们理想的幼儿园

幼儿园从来就不是单一的。理想的幼儿园是什么样子呢？我们将从理想的师幼形象、理想的环境和理想的课程来描绘心中的幼儿园。

在幼儿园中，幼儿可以自由自在地探究自我、探究自然、探究世界，与成人毫无距离地交流和对话；教师就像"麦田里的守望者"，让幼儿自由奔跑、自由玩耍，给予幼儿空间成长，给予幼儿善良、毅力、合作和爱，尊重幼

儿自身,激发幼儿的自我意识,在适当的时候进行引导和回应,使每个幼儿都能勇于探索、敢于尝试、善于思考、乐于合作,就像家人一样,师幼共同生活着。

理想的环境,那一定是有大自然的幼儿园。在这里,我们不需要多么优越的硬件设备,只需要给幼儿提供尽可能自然的空间,让他们有机会在自然中、在春夏秋冬的轮转中,多重感官地感受大自然的奥秘,幼儿在这里能顺应天性,自然成长,能体验、能创造、能满足好奇心、能贴近自然、能探索自然。

理想的幼儿园课程,是能重视传统教育并能兼具世界眼光的多元课程。所有的活动都能够满足幼儿天马行空的想象力,在每一次活动中,教师都能蹲下来陪着幼儿看世界,用幼儿的目光去建构对世界的认识。用源于幼儿生活的、感兴趣的游戏,才能让幼儿真正玩在其中、乐在其中、悟在其中。

理想的幼儿园,是在这里的每一个人都能把自己当成是这里的主人,这里的任意一人、甚至是一物,都有自己的位置和价值;在这里的每一个人都带着真诚和喜悦,这里的每一位工作者尽管忙碌,但任何时候都从内而外地散发着笑容、喜悦和善意;在这里的每一个幼儿,都能按照自己的方式学习,他们没有被要求行动一致,没有被要求必须听从。这里的每一位教师,都能够看见幼儿、听见幼儿;在这里的随便一个角落坐下来,就可以将浮躁的心沉静下来。

第三节　公能根基课程架构

园所文化是一所幼儿园的核心和灵魂,其内涵定位决定着幼儿园的发展方向和前景展望。公能根基课程的建构是一个整体推进的过程,我们认为,课程的实践研究应该是在正确的课程理念指导下,对课程目标、课程内容、课程实施和课程评价等方面的共同开发和完善,如图 1-1 所示。随着

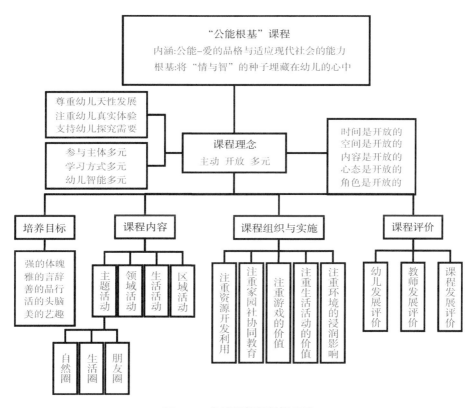

图 1-1　公能根基课程框架图

研究的深入,园所逐步建立起公能根基课程的整体框架。探索公能根基课程以来,将课程的两个维度有机结合起来,第一个维度是幼儿的视角,幼儿精神世界和学习方式构成公能根基的主题和线索;第二个维度是社会与文化的线索,课程要体现本园、本校乃至中华民族文化的特性。在以上两个维度统一下,建构与之统一的实践内容。

一、苗之根:公能根基课程目标

在南开大学办学思想以及《3-6岁儿童学习与发展指南》的指引下,园所确立了"公能"的教育目标:"公"是指具有爱的品格:从爱自己、爱他人、爱自然,到爱南开、爱家乡、爱祖国。爱的范围越来越广,南开的幼儿必将拥有更宽广的胸怀和崇高的信仰。"能"是指具有适应现代社会的能力。在深入解读《3-6岁儿童学习与发展指南》提出的幼儿五大领域发展要求的基础上,"公能根基"教育对幼儿"能"的发展,创造性地提出了独具南开特色的五项要求,即强的体魄、雅的言辞、善的品行、活的头脑和美的艺趣。

(一) 强的体魄

南开大学张伯苓校长意识到,强健的体魄对于个人、社会乃至整个民族的发展都有着极其重要的意义和作用,提出了"强国必先强种,强种必先强身"的教育思想。对于学龄前儿童来说,幼儿阶段正处在人体形态、机能的最初生长发育阶段,在公能根基教育理念与实践的指导下,让每名幼儿都能健康地生长发育,为未来的健康发展奠定良好坚实的基础。在"强的体魄"培养目标指导下,关注幼儿的身心状况、动作发展、生活习惯及基本的生活能力。

(二) 雅的言辞

"雅"字具有合乎规范与高尚之意,可组成儒雅、雅致、典雅等词语。

"言辞"一词包含两方面的内容,"言"指的是语言,即说;"辞"指的是文书,即书写。在公能根基教育理念与实践的指导下,小小南开人言谈举止能够合乎规范,儒雅又自信。在"雅的言辞"培养目标指导下,注重培养幼儿的倾听与表达能力,以及阅读与书写能力。

（三）善的品行

"善"是中华民族文化中的核心价值观之一。儒家所谓"仁者爱人""善即为仁",道家《道德经》中也对"善"做了专门的阐释,提出"上善若水"的论述,无不体现了对"善"这一价值观的重视。园所充分挖掘中华传统美德,为幼儿培养良好的、持久不变的行为规范和稳定的心理特质;在公能根基教育理念与实践的指导下,能够在幼儿的内心深处埋下"良善的种子",培养幼儿初步具备是非观和由衷的善良、诚实、友爱、勇敢,能够正确处理自己与自己、自己与他人、自己与自然万物的关系。在"善的品行"培养目标指导下,注重培养幼儿待人接物、为人处世的方式与良善品格。

（四）活的头脑

信息化时代需要创造性人才,创造性人才需要有解决问题的能力。我们希望,在公能根基教育理念与实践的指导下,幼儿能够拥有主动学习的能力,能够具有制订计划的意识和能力,能够具有一定的观察和分类能力,喜欢讨论自然和物质世界的一些事物,并能通过提问、翻阅图书、访问相关人士等方式收集信息、形成结论,能够借助工具去探索解决问题。在"活的头脑"培养目标下,重视培养幼儿的知识力、想像力、实践力、创作力、学习力、表达力、思考力、专注力、观察力。

（五）美的艺趣

美不仅仅拥有一种答案,在公能根基教育理念与实践的指导下,幼儿能够具备审美的情趣。在"美的艺趣"培养目标下,重视培养幼儿的想像力、创造力和鉴赏力,鼓励幼儿感受美的事物、喜欢美的事物、表现美的事物、创造美的事物。

二、苗之芽:公能根基课程内容

如果说课程目标是课程的"指南针",那么课程内容堪称是课程的心脏。课程内容的选择与组织是实现课程目标的关键手段,它解决的是为有效实现课程目标,教师应教什么、幼儿应学什么以及教师应如何安排这些内容等问题。

公能根基课程内容是基于生活,基于幼儿的已有经验,并以"五大领域"为基础,从幼儿的兴趣与问题出发,同时注重整合性、趣味性和挑战性。课程的内容以主题活动、领域活动、生活活动、区域活动等为主要的组织形式,通过灵活多样的途径组织实施,让幼儿在活动中探索、体验和交往,在行动中获得情感、能力和知识的发展。

(一)主题活动

公能根基主题活动是公能根基课程中最重要的内容,幼儿与教师的自主权在这里得到充分展现。公能根基的主题活动来源于一日生活中老师对幼儿的兴趣观察以及需求的价值判断,来源于幼儿围绕着春夏秋冬四季所进行的各类自然与科学探索,来源于教师依据幼儿发展目标及校园资源设计的主题活动。同时,在游戏中、在生活中、在各项活动中,幼儿有价值的讨论、提问、探究行为都成为主题探索活动的来源。一个主题活动是通过多个课程实施途径(如季节活动、系统活动、项目活动、种植活动、表演活动、亲子活动等)开展的,如图1-2所示。

图 1-2　公能根基主题活动网络图

(二) 领域活动

领域活动是按幼儿学习领域划分学前教育内容的一种课程类型,《幼儿园教育指导纲要(试行)》将幼儿园教育内容划分为健康、语言、社会、科学、艺术五大领域,领域活动是一种以知识的自身体系为基础,同时考虑幼儿身心发展特点而组织的教育活动形式。公能根基课程将主题活动中目标指向较弱的领域以领域活动的形式开展,进而实现幼儿全面发展的培养目标。

(三)生活活动

生活活动是满足幼儿生理需要,培养幼儿生活技能,使幼儿初步学会自立、学习安全生活、愉快生活和文明生活的活动。生活活动贯穿于幼儿的一日活动之中。教师在生活活动的组织与实施中,应该遵守保教并重原则,在对幼儿的生活给予全面细心照顾的同时,提高幼儿独立生活的能力。凡是幼儿力所能及的事情,教师就不要包办代替,而且要鼓励并指导幼儿自己完成。同时,教师需要根据每位幼儿的实际情况,对其进行有针对性的指导。

(四)区域活动

区域活动是公能根基课程的主要内容之一。区域活动是一种基于幼儿兴趣的、指向幼儿发展的、可供自主选择的活动。① 区域活动是幼儿喜欢的活动,在区域活动中,幼儿具有较高的活动自主权,是活动区真正的主人。他们根据自己的兴趣、意愿、自由地选择区域、材料并自由进行操作,在区域活动中主动建构经验。

三、苗之枝:公能根基课程实施途径

公能根基课程以教育整体观来指导课程实践,将幼儿一日生活作为课程内容的实施载体。在课程实施的过程中,教师需要关注幼儿的兴趣和需要、关注幼儿的发展和潜力,努力为幼儿提供适宜的、正式的、自然的并富有挑战性的教育环境,鼓励幼儿自主探究,促进幼儿在最近发展区内的和谐发展。公能根基课程主要通过以下途径予以实施。

---

① 李晓文.幼儿视野中的区域活动[D].南京师范大学,2017.

（一）集体活动

在公能根基的集体活动中,幼儿可以共享班级信息、包括了解班级内人、事、物的变化,分享个人对班级规则以及一日生活中发生问题的解决方案,初步了解新材料等;在活动中,幼儿与成人一起进行故事扮演、绘本语言等活动。

（二）小组活动

在小组活动中,幼儿因年龄、经验、兴趣、同伴认同感等因素的不同而被分为不同的小组,并在小组内进行相应的探索活动;在小组活动中,幼儿能够与同伴谈论他们的想法和发现,不断尝试与探究,成人支持每个幼儿的现有发展水平。小组活动能够为幼儿提供新的经验,为幼儿提供定期的同伴互动。以幼儿的强项为基础,教师可以提供更多有针对性地支持和指导策略。

（三）个体活动

在公能根基课程中,个体活动体现在一日生活的各个方面,也体现了教师关注幼儿个性化发展的办园宗旨。个性的学习指导、个别的生活谈话都建立在教师对每位幼儿持续的观察、真诚的关注与尊重的基础上,尊重幼儿个性化的表达方式。

（四）亲子活动

公能根基亲子活动是家长、幼儿、教师围绕一个主题开展的多种形式的活动,"亲"是指家长,"子"是指幼儿,亲子活动是指由家长、幼儿、教师共同参与的活动。公能根基亲子活动能够增进家长与幼儿的情感交流,促进家长对教师工作的了解,促进三者的共同成长。

四、苗之叶：公能根基课程的保障机制

(一) 以科带教、以教助科的教科研一体化机制

南开大学幼儿园拥有一支具备高学历、高素质、高科研能力的专业教师队伍,幼儿园结合教师优势,建立教科研一体化机制,制定教科研目标与组织实施计划,以保证公能根基课程的研究成果能够及时运用到教育实践当中;同时采取行动研究法,按研究技术路线,在教学实践中边实践边优化、边实践边调整,以实践经验重新助力科研工作的开展,进而形成系统化、结构化、科学化的课程体系。

(二) 骨干师培、两级师徒结对教师培养机制

优秀的教师队伍是切实实现"公能根基"课程的保障。为了提升教师队伍素质,幼儿园确立了骨干师培、两级师徒结对教师培养机制,培养一批在幼儿园中起到示范引领作用的骨干教师,同时以"师徒结对"的方式,高级教师带骨干教师、骨干教师带青年教师,发挥优秀教师的引领作用,使教师在实际工作中快速成长,促进整体教师队伍素质提升。

(三) 三位一体家园社良性互动机制

"公能根基"教育不是幼儿园自己关起门来开展的教育,而是充分发挥优势,幼儿园、家庭、社区(大学)三者协同,进一步完善教育机制,丰富教育途径,提升教育水平的教育。为此,园所建立了家庭教育、幼儿园教育、社区教育的良性互动机制,深入了解社区、家长对于幼儿教育的看法与期待,在已有社区场景化资源地图基础上,对社区和家长资源再挖掘,丰富资源地图。同时,利用社区场景化地图开展丰富的实践活动,在实践活动中探寻如何与社区、家长进行良性互动,让这种良性互动机制在实践中日

趋完善。

五、苗之貌:公能根基课程资源

幼儿建构经验的方式主要是依靠行动。因此,课程资源的开发与利用可以被看作是将资源转化为与幼儿互动,且幼儿因此发生学习、建构有益经验的过程。"资源—活动—经验"构成了该过程的基本环节。

课程资源是指课程设计、实施和评价等过程中可以利用的一切人力、物力、社会文化以及自然因素的总和。课程资源利用的本质是对课程回归幼儿生活的呼唤,让幼儿每天接触活生生的物质与文化环境成为课程的来源或者条件。在课程资源开发的过程中,最大限度地让幼儿"全程"参与课程资源的开发与利用的各个环节,同时,家庭和社区也应"全员"参与课程资源的开发与利用。

南开大学作为国内"双一流"高校,拥有丰富的自然资源和深厚的文化底蕴。南开大学幼儿园坐落于校园内部,幼儿园的每一名幼儿和南开大学都有着密不可分的关系,既受到高校精神文化的熏陶,又享受着高校带来的丰富物质资源。为此,园所充分挖掘利用高校自然资源,文化资源以及家长资源,探索建设"公能根基"园本课程,旨在将公能的种子埋藏在幼儿心中,培养具有"强的体魄,雅的言辞,善的品行,活的头脑,美的艺趣"的小小南开人。在园本课程探索过程中,园所开展了"童眼看南开""童心与诗""奇异小博士"等园本主题活动,让小小南开人在校园中得到全方位的成长。

六、苗之实:公能根基课程评价

教育评价是一种价值判断活动,是对教育实践显性的或隐性的成效及其价值的判断。幼儿园课程评价是一种特殊的认识活动,是针对幼儿教育的特点和组成要素,通过收集和分析比较系统全面的有关资料,科学地判断幼儿教育的价值和效益的过程。[①] 综合以上两点,我们认为,公能根基课程评价就是要探索课程的编制和实施是否符合教育目的和幼儿特点的要求,通过课程的学习是否收到了预期的结果,课程在什么方面需要改进等问题并不断促进课程的完善。公能根基课程评价包括课程方案评价、课程实施评价、课程实施效果评价等部分,幼儿园开设的每一门课程都会经过幼儿、教师与家长的评价,并在评价基础上不断改进。

综上所述,课程理念和课程框架是我们进行课程实践的前提和基础。课程理念为我们的课程实践指明了方向,课程目标、内容、实施、评价构成的课程框架为我们的实践提供了清晰的脉络,各个部分的有机统一,为禾苗的生长提供了充分的养分和保障。

---

① 虞永平,原晋霞,全国高等教育自学考试指导委员会.幼儿园课程[M].高等教育出版社,2014:89.

第二章　为种子萌发培基
——公能根基课程的开发

公能根基课程的开发是一个生命不断交替、更新和丰富的过程,它不会在某个时段戛然而止,而是一个不断生成发展的过程。公能根基课程的开发源于对南开文化的传承与发展,来自对幼儿的爱与尊重。

第一节　公能根基课程开发的原点

一、与南开大学共成长的幼儿园

南开大学幼稚园的历史最早可追溯至南开校父严修创办的严氏蒙养院,期间存续不断,在一个多世纪的办园史中,积淀了丰富的办园经验和文化底蕴。历史在这里定格,但不会止步;岁月在这里会凝聚,但不会停滞。我们在此梳理了与南开大学共成长的幼儿园的历史发展脉络。

（一）蒙养院阶段(1905—1925 年)

1904 年,张伯苓、严修赴日本考察教育,访问多所学校,其中包括小石川幼稚园、富士见小学校幼稚园、国民教育社幼稚园等幼教机构。1905
年,严修开办了严氏保姆讲习所(类似于幼儿师范学校),监学为严淑琳
(严修的妹妹)。保姆讲习所的实习机构即严氏蒙养院(严修在家办学)。
严氏蒙养院和保姆讲习所是天津最早的幼儿园和培养幼教师资的学校,聘
请日本大野铃子为教师,先后招收4岁至6岁儿童30人,均为严家近邻或
亲友的子女。如图2-1所示。

图2-1　图中后排最右为严修,前排左四为严淑琳,后排中间为大野铃子

1.严氏蒙养院及其课程设置

严氏蒙养院沿用《奏定蒙养院章程》中提出的教育宗旨:"保育教导儿
童,专在发育其身体,渐启其心知,使之远于浇薄之恶风,习于善良之
轨范。"

开办之初,严修专门为蒙养院修建了一间高大的活动室(当时称为罩
棚),修改了门窗,安上地板,地板上油漆了白圈;在活动室旁开辟一间房

屋,为儿童分组活动及教师休息之用。

　　蒙养院设备是从日本购买的,如钢琴、风琴、儿童座椅、教具等都出自日本。椅子是长形的,有靠背,可坐二、三个儿童;桌面上画出方格印子,为进行教学时用。

　　蒙养院的玩具设备很简单,户外有锻炼身体用的器械,如秋千;另外有游戏时用的一些玩具,如涂色的藤圈,拔河用的布绳,分组游戏时用的红、白色布带子,自制红白线球(为比赛投篮用的),玩猫捉老鼠游戏的串铃铛等。供儿童自由选择的玩具较少。

　　桌上玩具教具有成盒的积木,有七巧板、大小铜圈,可分为圆形、圈形,另有不同长短的竹棍等,都可以培养儿童认识一些几何形体。以上几种玩具均称"恩物",与福禄贝尔所称相同。

　　儿童的手工约有以下几种:编纸工、折纸工、剪纸、黏土工(白泥)、穿麦莲、图画。①

　　关于严氏蒙养院的史料记载,《醒俗画报》刊载《参观蒙养院纪盛》。配发文字为:天津严侍郎宅,业已开办私立第一蒙养院。日前,本公司主人前去参观,由该院管理严约敏先生②导引,到游戏场,见三五岁男女小学生十数人。忽闻日本大野铃子先生琴声一响,小学生皆行鞠躬礼,入座后复由保姆韩升华女士教唱歌,歌声清脆,欢乐之态令人观之耳目一新,精神一振。歌毕,由张祝春③女士照料各生起坐,旁又有保姆数位,都是照料儿童的。有此慈爱师保、完全教育,将来何愁儿女不出人头地呢。疼爱儿女者,快快报名去吧! 如图2-2所示。

---

①　严仁清.祖父严修在天津创办幼儿教育的回忆[M].中国人民政治协商会议天津市委员会文史资料研究委员会编.天津文史资料选辑[M].天津人民出版社,2003.
②　即严修之侄严智惺.
③　张伯苓之妹.

图 2-2 《醒俗画报》刊载《参观蒙养院纪盛》

活动时间为上午 9 时—11 时。学生毕业后举行毕业典礼,每人发放文凭。男生升一般小学,女生大部分升入本校女学部。如图 2-3 所示。

图 2-3 幼儿毕业证与毕业生合影

2. 严氏蒙养院和南开大学幼儿园的渊源

严氏蒙养院招收的学生主要为严、张两家以及亲友家的幼儿,南开大学幼儿园也主要招收南开大学教职工子弟,办学性质都是为"同事"子弟服务,也都受南开大学环境和办学理念的影响。

3. 严氏蒙养院毕业生代表

卢乐山(1917—2017年),女,汉族,湖北沔阳人,1917年生于天津,是南开校父严范孙的外孙女,北京师范大学学前教育系教授,是新中国学前教育学科的重要奠基人、幼儿教育工作者。

"我出生在一个教育家庭,因此我与幼儿教育结下不解之缘,我的祖父(卢木斋)、外祖父(严修)都生于怀抱"教育救国"的理想,集中全部家产兴办幼儿园、小学、中学乃至大学。其中外祖父在家兴办的严氏家塾、严氏女学、严氏保姆讲习所及附设蒙养园,祖父在家兴办的卢氏幼儿园、卢氏小学,都是北方较早涉及幼儿教育的机构。"

图 2-4　韩咏华晚年回国时,送给严家人一本她回忆的当时严氏幼师教的歌曲

"我的母亲(严智闲)是严氏保姆讲习所的第一班毕业生,曾担任蒙养院教师,并开办过幼稚园。我的一位姑母(严智圆)和两位表姐(严仁清),都曾学幼儿教育,并从事幼儿教育工作。在祖辈的'教育梦'和家庭浓重的教育氛围影响下,我从小就进了母亲和姑姑办的幼稚园以及小学,又在外祖父所办的南开中学读书,最后走上与母亲、姑母、表姐同样的路,成了一名终身的幼儿教育工作者。"①

韩咏华(1893—1994年),从小就读严氏蒙养院,16岁从严氏幼师毕业,随即成为严氏幼稚园最年轻的教师,丈夫为清华大学前校长梅贻琦。

(二)幼稚园阶段(1935—1937年)

张伯苓的孙女张媛贞生于1932年。她曾经在南京多次提到自己童年上过南开的幼儿园。与张媛贞经历类似的还有冯承柏,1933年出生于天津,家住南开大学教授住宅区百树村。他的父亲冯文潜是南开大学哲学教授,母亲黄扶先是黄钰生秘书长的妹妹。冯承柏自云:"我的童年是在南开大学幼儿园和西南联大附小和附中度过的。""母亲曾是20世纪30年代南大幼儿园和附属小学的创建者。"1937年,天津南开学校毁于日军炮火,张媛贞和冯承柏所在的这所幼儿园亦未能幸免。"一百名野蛮的敌人骑兵,带着煤油与铁铲等破坏工具,冲进南大。所有科学馆(思源堂),男生第一宿舍、第二宿舍,教员新旧宿舍,电机工厂,木斋图书馆,幼稚园等学校的建筑物全然被焚毁了。"

(三)幼稚园复建(1946—1951年)

孙家莹于1935年至1936年在美国专门进修幼儿教育的学校攻读研究生,她1937年的硕士论文正是一份南开大学幼稚园的详细计划书。1946年南开大学复校时,黄扶先及一些热心的教授和家属靠集资和义卖筹款,在西百树村建起了百树小学。复建的幼儿园则位于西百树村11号,孙家莹任职于复校后的幼儿园,实现了她的梦想。

至于这所幼稚园与南开大学的法律和财务关系,查1936年南开大学教职工名册,并无服务幼稚园者。不过,战前的幼稚园是教职工家属私立

---

① 卢乐山口述,罗容海整理.卢乐山口述历史——我与幼儿教育[M].北京师范大学大学出版社,2012.

的子弟幼教机构,南开大学提供了办学场所,二者并无附属关系。①

(四)幼儿园阶段(1952年至今)

1952年,南开大学托儿所在西村正式成立,位置在现在的南开大学谊园,由于此处一直是危房,园所主体于1972年12月搬到现园址。经过十多年的发展,南开大学幼儿园以其良好的口碑,吸引了许多慕名就读的校外子女。由于场地有限,1983年,南开大学在西南村又扩建了一所幼儿园(现在的西南村居委会),专供大班的幼儿就读。1990年,幼儿园把西北村的托儿所也合并起来,幼儿园拥有了三处园址。20世纪90年代,幼儿园规模扩大到1000多人,成为天津市规模最大的幼儿园。②

2017年12月,园所被市教委、市发改委联合评定为天津市公办示范幼儿园。

2000年以后,西北村与西南村幼儿园逐步放弃使用,南开大学幼儿园招生对象仅限本校教职工子女,注重精细化管理,规模有所压缩。

严氏蒙养院作为天津近代第一所正式的学前教育机构,开启了近代民办幼稚教育的先河。严氏蒙养院的课程设置、师资配备皆属于国内领先水平,教育宗旨至今仍有值得借鉴的地方。南开大学幼儿园的历史是构建园所文化的桥梁和纽带,是南开园文化中不朽的瑰宝。通过对园所历史的回溯,提升了全园教职员工的凝聚力和自豪感,同时增强了园所文化的厚重感。

二、儿童为本、游戏为基的教育理念

公能根基课程开发的原点还体现在"儿童为本、游戏为基"教育理念的实施与践行之中。

---

① 摘自高鹏.南开学校的幼教和神秘的南大幼稚园,公众号《公能学社》,2018.12.
② 南开大学幼儿园前园长黄秀美访谈录.

（一）儿童为主

福禄贝尔在《人的教育》一书中强调"儿童拥有探索外部世界的迫切愿望，从而获得外部世界和自身内部的统一，即迅速成长的精神的联结和法则"[①]。这里强调在建构经验中幼儿的主体性。强调"儿童为本"，意味着要尊重幼儿的体验，幼儿不仅仅是要完成发展任务的"发展中的人"，更是生存于具体生活世界中的"存在着的人"，他们在自己所处的生活世界中体验着归属感和意义感，建构着他们关于自身的认识和认同，形成对周围世界的理解，并在此基础上获得成长。强调"儿童为本"，意味着要倾听幼儿的声音，作为成人的教育者应该在教育实践中主动自觉地关注幼儿、理解幼儿、移情幼儿，站在幼儿的立场上，设身处地地感幼儿之所感，同时为幼儿提供各种适宜的机会和方式，让幼儿能表达出自己的视角，让幼儿"是其所是"的显现。强调"儿童为本"，意味着要尊重幼儿所处的社会文化处境，恰如文化学家怀特所言："每个儿童都降生于先于他而存在的文化环境中，当他来到世界，文化就统治了他，随着他的成长，文化赋予他语言、习俗、信仰、工具等等。总之，是文化向他提供作为人类一员的行为方式和内容。"因此，"以儿童为本"的教育实践要求"教育者在教学过程中应该具备一定的文化差异的观念"，自觉地意识到幼儿所处的社会文化处境，并基于这种社会文化处境有针对性地做出相应的课程与教学调整，这是"以儿童为本"教育理念的应有之义。[②]

（二）游戏为基

游戏是个体主动的、自发的、愉悦的自由活动，幼儿之所以能够自愿

---

① 胡华. 回归儿童生活：幼儿园课程建构的本质[J]. 甘肃社会科学，2019(05).
② 李召存. 以儿童为本，走向"为了儿童"与"基于儿童"的整合[J]. 学前教育研究，2015(7).

地、积极地投入到游戏中去,是因为游戏是幼儿发展过程中一种内在的需要;除此之外,游戏对幼儿的发展具有重要的价值。诸多研究表明,游戏对幼儿的身体、认知、情感及社会性的发展都具有重要的意义,这就决定了游戏成为教育的内容和手段,确定了游戏在幼儿园一日生活中的基本地位,也成为公能根基课程的重要组成部分。

理想的幼儿教育是能够塑造人的精神与灵魂的。我们希望幼儿园成为幼儿诗意生活的地方,我们希望将情与智的种子播种在幼儿心中,秉持"儿童为本、游戏为基"的理念,"从儿童的角度出发,以儿童的耳朵去听,以儿童的眼睛去看,特别以儿童的心灵去体会"[1],站在幼儿的角度去理解幼儿的一百种语言,创设丰富的环境,培养幼儿的品格,浸润幼儿的思想。

基于幼儿对搭建的兴趣以及大班幼儿善于思考、乐于动手、敢于探究的年龄特点,大班教师设计了"我身边的桥"项目探索活动,幼儿与教师运用多种渠道去调查"桥的建筑材料""桥的种类""桥的作用",进行桥的结构科学探究,并利用多种材料建构桥的模型,在全园开办"我设计的桥"主题展览。从设计、制作、布展到讲解,在游戏里发展同伴合作能力、创造能力、工程技术思维,深度学习在幼儿们身上真实发生着。

春天到了,南开园里开满美丽的花朵,可是五彩缤纷的花朵花期很短,很快就枯萎了。中班教师与幼儿针对如何留住春天的颜色展开讨论与探索,收获了"我们可以把美丽的花朵画下来""我们可以用相机拍下春天""我们可以尝试把花朵的花瓣做成干花,做成书签,这样就能把春天保存下来啦"等方法。在"留住春天的颜色"项目探索活动中,幼儿们能够主动思考,大胆创意,在做中玩,做中发现美、感受美、创造美。

"春雨惊春清谷天",时令更迭。小班教师将植物种植的科学知识与传统文化中的节气知识相结合,引导幼儿了解清明前后温度与湿度恰当,是进行种植活动的好时机;借助绘本故事书《小种子》《向日葵》,将阅读活

---

① 黄力.我心目中的学校:儿童视觉的教育研究[M].光明日报出版社,2011:137.

动与种植活动进行有机结合。教师与幼儿一起,利用身边的自然环境作为教育资源,引导幼儿观察春天的变化、了解植物生长的过程,明白农作物的生长需要阳光、空气、水与肥料,在实际操作中,幼儿萌发热爱春天、热爱大自然的情感。

丰富多彩的活动,使幼儿园有限的教育资源得到了无限的延伸,开阔了幼儿的视野,培养了幼儿浓厚的文化品位,树立了师生宽广的胸怀。

三、公能根基课程的探索与实践过程

"公能根基"课程的形成与发展是我园教育理念、教育内容和教育方式的深层变革,其探索与实践经历了以下四个阶段:

(一)公能根基课程思想萌芽与资源零星积累阶段

借助幼儿园得天独厚的地理位置、深厚的文化底蕴和各有所长的家长群体,具有"南开特色"的教育活动在幼儿园中星星点点地出现,幼儿园在这一阶段积累了一定的特色教育资源。

(二)公能根基课程思想提出与资源大量开发阶段

《3-6岁儿童学习与发展指南》颁布以来,因地制宜地开发园本课程,促进幼儿健康而富有个性的发展,成为基础教育改革与发展的趋势。基于学前教育发展的要求及幼儿园的实际情况,园所开始着手建立园本课程,充分开发并利用南开大学的物质资源、环境资源、人文资源,具有"南开特色"的教育活动百花齐放。

(三)公能根基课程体系确立与资源系统整合阶段

2019年南开大学百年华诞,"公能"思想的花香馥郁在校园的每个角落。基于此,园所梳理总结一系列具有"南开特色"的教育资源,确立"公能根基"课程,建立起课程理念、课程目标、课程内容、实施途径、评价方式等一系列完备的、系统的、操作性强的园本课程体系。

(四)公能根基课程的实践发展与应用推广阶段

公能根基课程在实践过程中,秉持"公能"的培养目标以及"根基"的教育理念,坚持"儿童为本,游戏为基",形成了富有特色的"公能根基"课程理念体系和实践模式,建设了内容科学、管理有序、应用有效的园本课程资源库,其教育成果和成功经验也得到了一定范围内的应用与推广。

第二节 公能根基课程开发的模式与原则

在各级各类教育系统中,中小学都有固定的课程与教材,而幼儿园则不同,国家没有统一的教材和要求,幼儿园课程具有更大的自主性和灵活性。《幼儿园教育指导纲要(试行)》指出:"城乡各类幼儿园都应从实际出发,因地制宜地实施素质教育。教师要根据本纲要,从本地本园的条件出发,结合本班幼儿的实际情况,制订切实可行的工作计划并灵活执行。"各园可以根据自己园所的特点、资源优势、幼儿特点等,开发自己的园本课程。因此,幼儿园课程模式开发的过程,也是幼儿园编制自己课程的过程。

一、公能根基课程开发的模式

幼儿园课程的开发模式,以泰勒的目标模式与斯坦豪斯的过程模式为代表。其中,目标模式采用行为目标的方式设置课程目标,并以此为出发点编制课程,使整个课程的运作成了一个具体化的和结构化的操作程序,这样做能提高幼儿园教育教学过程的计划性、可控性和可操作性。但是,也正是目标模式的这种特征,使依据目标模式编制的幼儿园课程由此而产生很多弊病。例如,由课程编制者确定的课程目标,往往难以与发展中的儿童相适合,容易忽略那些难以转化为行为的方面。按行为目标的方式确定课程目标,与学龄前儿童整体地学习知识和获得经验的学习方式之间存在距离。[1]

过程模式批判了目标模式的许多弊端,强调教育和知识内在的、本体价值;强调在教育过程中对具体情境的诊断;强调"教师即研究者"所应发

---

① 朱家雄主审. 胡娟主编. 幼儿园课程概论[M]. 复旦大学出版社,2020:32-36.

挥的作用。所有这些主张,对于儿童主体精神和创造性思维的培养,对于在教育中更多体现民主精神和人文精神,都是十分有益的。但是,依据过程模式编制的幼儿园课程由此也会产生一些弊病。例如,过程模式编制的课程往往缺乏科学性、计划性和系统性,对教育的评价往往因缺乏客观标准而带有过多的主观色彩;过程模式赋予教师过分理想化的角色和过高的要求,往往会因为教师难以达到这样的境地,而导致该课程模式不易推广。①

目标模式与过程模式各有千秋,在公能根基课程开发的过程中,我们将二者的长处结合起来,寻找两种模式的契合点。具体做法如下:

以幼儿的成长为核心,关注幼儿、教师、家长的情感、态度、能力、发展四个方面,促进师幼双方都成为学习主体,让幼儿、教师和家长都善于合作、互动,最终实现幼儿的全面发展。围绕课程目标,遵循幼儿身心发展的特点,以贴近幼儿生活经验、满足幼儿不同需要和挑战幼儿经验能力的原则选择课程内容;围绕《纲要》中的"健康、语言、社会、科学、艺术"五大领域,囊括"健康、体育、语言、社会、科学、数学、音乐、美术"八个学科,通过以探究为基础的主题游戏、以源自幼儿生活为基础的主题活动、以渗透为基础的日常活动三类方式实施课程。

在课程内容的选择上,既有教师依据幼儿身心发展规律、时代发展要求、教育目标预设的教育内容,同时又有依据幼儿学习兴趣、出现的问题和发展需要生成的教育内容。总之,在公能根基课程开发的过程中,我们不断寻求两种模式的动态契合,以幼儿发展为目标,优化教育资源,注重幼儿学习和探究的过程,才能培养出具有"强的体魄、雅的言辞、善的品行、活的头脑、美的艺趣"的小小南开人。

---

① 朱家雄主审.胡娟主编.幼儿园课程概论[M]复旦大学出版社,2020:36-39.

二、公能根基课程开发的影响因素

(一)哲学观和知识观

我们认为,幼儿的发展是幼儿与环境交互作用的过程,课程应该赋予幼儿更多的自主权。此外,幼儿是学习的主体,课程是师幼双方共同建构的。在此哲学观影响下,园所进行课程内容的选择与组织,注重课程内容的情景性、活动性与经验性。

公能根基课程在课程模式的架构中会关心幼儿,关注幼儿的身体、动作、认知、情感、个性等方面的发展规律,尤其是关注幼儿的发展需要,以有效发挥幼儿园课程在促进幼儿学习和发展方面的职责。我们认为:

1. 幼儿的学习是在与所处情境中各种关系进行互动的过程

杜威曾说学习是幼儿在与他人共同活动中所得经验的重构。我们认为,学习不仅发生在幼儿园,还发生在家庭、社区、公园、超市等环境中;学习不仅仅是认识、操作、交流,还有争论、观察、思考、猜测、提问等。对于公能根基课程中的教师来说,需要思考的是如何使幼儿的学习内容更具情境性,更具适宜的挑战性,如何使得幼儿的学习过程更加有效。

2. 幼儿有效的学习是在最近发展区内的自主建构

在公能根基课程的实施中,园所重视发挥教师的作用,将教育的着眼点放在幼儿的最近发展区,不仅关注幼儿的现有水平,而且关注幼儿可能达到的高一层次的学习目标,并通过多种方式为幼儿的学习提供支持,使得教育走在幼儿发展的前面。

(二)社会与文化因素

公能根基的课程开发,需要关注社会生活事件和幼儿自身的生活事件,社会文化会对课程产生巨大的影响。幼儿园课程不仅要让幼儿适应所处时代的生活,还要具有前瞻性,随着社会的不断发展变化做出相应的调整,为幼儿的未来生活做好准备。所以,公能根基课程开发过程中会不断研究社会和时代发展,并以此作为幼儿园课程开发的依据。例如,在南开大学百年校庆之际,我们开展"南开妈妈我爱您"校庆主题活动,在浓郁的校庆氛围中,幼儿萌发爱南开的情感并获得各项能力的综合发展。疫情背景下,园所对幼儿进行感恩与爱的教育,园里一位家长作为首批援鄂医疗队队员,老师发出《给小朋友的一封信》,在信中表达了对幼儿们的想念,讲述了英雄妈妈的故事,同时倡导幼儿通过实际行动感受爱、表达爱、传递爱,致敬医务工作者。我们认为,让幼儿了解这个世界正在发生的事情,让幼儿知道又是谁在保护我们,这就是最好的教育。

(三)幼儿心理发展理论和课程理论

在公能根基课程开发的过程中,园所不断研究幼儿身心发展的规律和特点。幼儿园课程是为幼儿设计的,课程的开发以及践行指向幼儿的健康和谐发展。然而,幼儿如何发展和学习,制约着课程开发的目标确定、内容选择与实施、课程评价等各个环节;对于幼儿发展规律遵循的程度、对课程理论理解与掌握的程度,直接影响着幼儿园课程对于幼儿发展的适宜性与课程本身发展的适宜性。

具体来说,幼儿的兴趣是课程开发的前提,幼儿的活动是由兴趣引发的。在课程开发中,教师及时发现幼儿的兴趣,并在分析他们学习与发展需要的基础上,从幼儿的兴趣生成活动。兴趣同样也会引发问题,问题构成了公能根基课程发展的线索。在活动中不断创设问题情境,引导师幼共同发现教与学的真实问题,并寻找解决策略,使得幼儿、教师在课程开发过程中不断获得新的经验,体验探索的乐趣。课程开发正是在"兴趣—问题—解决问题—新的兴趣—新的问题"的循环往复中得以发展的。

三、公能根基课程开发的原则

(一)全面性原则

课程目标包含健康、语言、社会、科学、艺术五大领域和认知、情感态度、动作技能三大身心发展结构的目标;课程内容包含五大领域,每一领域内都有促进幼儿身心发展的内容;课程实施的途径包含一日生活的各项活动。在公能根基课程计划的制订过程中,园所遵循全面性原则,将所有课程内容、课程目标与课程实施途径都考虑在内,这是促进幼儿全面和谐发展的前提。

(二)统整性原则

在制订课程计划时,除了要将所有课程目标、课程内容及课程实施途径都考虑在内,还要考虑如何有机整合,有效实现课程目标。在公能根基课程开发过程中,园所本着统整性原则,充分挖掘每一课程内容可以达成的目标,考虑哪些目标和内容适宜通过教学活动实现,哪些目标和内容适宜通过游戏活动和生活活动实现,哪些目标实现的最佳途径是环境创设等。根据每个课程目标、内容及实施途径的作用、特点等统筹安排,以保证课程目标的实现。

(三)衔接性原则

本着衔接性原则,园所注重小中大班年龄阶段课程计划的相互衔接,体现儿童学习经验发展的渐进性与连续性;不同层次的课程计划也要注意项目衔接,既减少不必要的循环和重复,又避免裂断或落空,以保证课程计划的有效性,确保总体计划、年龄阶段计划、学期计划、单元计划和具体活动计划之间的协调一致。

（四）灵活性原则

在制订课程计划时,充分考虑南开大学、南开大学幼儿园及本班幼儿的特点及实际情况,在不同条件和环境下,同样层次的幼儿园、同样的教育活动,会有不同的计划。因此,在公能根基课程开发过程中,园所结合了幼儿园、班级幼儿发展状况、兴趣爱好、资源条件,因地制宜、因园制宜、因班制宜、因人而异,不照搬他人制订的课程计划。

四、公能根基课程开发的标准

（一）启蒙性——要符合幼儿的年龄特点

《纲要》中规定:"幼儿园的教育内容是全面的、启蒙性的。"幼儿处于整个人生的起始阶段,心智开始萌生。因而,幼儿园课程具有"开端性、启蒙性,是终身教育的基础课程"。建构公能根基课程开发模式,必须始终根据幼儿身心发展的特点,基于此,园所遵循"发育其身体,渐启其心知"的教育宗旨,在园本课程目标的确定、内容的选择、内容的组织实施与评价等环节,充分考虑了幼儿园课程启蒙性这一特点。

（二）素质中心——注重幼儿的全面发展

公能根基课程的开发强调以人为本,尤其重视幼儿的全面和谐发展,主张发展幼儿的素质。但是,幼儿是特定时代的社会成员,幼儿的发展必然要考虑社会发展方向。在当今知识"爆炸"的社会,没有人可以拥有一切知识。知识是时代积累而成,人不是知识的奴隶,学习知识的目的是为我所用。掌握知识的量已不能作为衡量人才的标准,学会学习、掌握方法对于人的发展更为重要。幼儿园教育处于教育的奠基阶段,在这一阶段就应该重视对幼儿素质与能力的培养,使幼儿得到全面和谐的发展。

（三）生活化——活动源于幼儿的生活

中国现代教育史上伟大的人民教育家陶行知主张"生活即教育"。幼儿园教育属于非正式的学校教育阶段，强调寓教育于儿童一日生活之中，幼儿从入园、晨检、早操、游戏、集体活动、自由活动、散步、进餐、午睡、入厕到离园，每一个环节、每一项活动都是幼儿学习的过程，幼儿生活每时每刻都含有教育的意义。在公能根基课程的开发过程中，园所充分利用幼儿生活中的课程资源，使幼儿从课程内容与教育环境中感受到亲切、温暖、轻松、自然，体现园本课程的人文关怀。

（四）活动化——重视幼儿的参与

好动是学前儿童的心理特点之一，公能根基课程具有活动性。活动化的意义不在于活动的形式，更重要的是活动的本质。活动化不仅表现为活动本身的外部特征，更主要的是引起幼儿的内部心理活动——强烈的兴趣、积极的动机、主动的态度、活跃的思维、创造的需要等。认识及其产物——知识和真理既不是纯客观的，也不是纯主观的。儿童与环境交互作用的过程，就是其获得知识的过程。活动的目的在于调动幼儿的主体性，让儿童在积极地参与、主动地与环境交流中获得对世界的认识。

（五）利用资源优势——重视对本校本园优势资源的开发

南开大学作为国内首批"双一流"高校，有着丰富的自然资源和深厚的文化底蕴。南开大学幼儿园坐落于校园内部，幼儿园里的每一名幼儿和南开大学都有着密不可分的关系，南开大学不仅是他们父母工作的地方，也是他们生活和游戏的乐园。《纲要》指出："充分利用自然资源和社区教育资源，扩展幼儿生活和学习的空间。"公能根基课程充分利用南开大学的资源，以游戏和探索为主要形式，引发、支持幼儿与南开大学的各类资源进行有效互动。

五、公能根基课程开发的思路

(一)基于国家和地方的课程政策

教育部 2001 年 9 月颁布的《幼儿园教育指导纲要(试行)》,其中具体规定了学前教育内容与要求,明确提出了五大领域的课程目标,同时对课程的组织与实施教育评价等内容均做出了详尽的规定,这应被视为学前教育的国家课程。关于地方课程,目前也有一些地方根据本地的情况进行了一些尝试。由于幼儿教育的特殊性,相对于中小学课程,幼儿园具有更多自主开发课程的权力。但这种课程权力的体现是以尊重国家的相关法律、法规为前提的,而不是孤立存在的。因此,幼儿园的园本课程与国家课程、地方课程之间是相互关联、紧密联系的。

公能根基课程把幼儿家庭生活、社会生活作为幼儿园课程的重要资源,引导幼儿关注周围生活中独特、有趣的现象及事物,鼓励幼儿对生活中遇到的问题和感兴趣的事大胆提问,让幼儿尽可能地在活动中体验,在操作和探索中学习。在课程开发过程中,我们将三者有效结合,从而形成"南开园的秋""南小开剧场""春天的诗会""奇异小博士""童眼看南开"等主题特色活动与主题游戏。

(二)充分考虑本园的特点、条件、教育理念等多重因素

随着课程改革的深入,课程权力逐渐从国家下放到了各个幼儿园。幼儿园只有充分考虑本园的特点、条件、教育理念等多方面因素,才有可能开发出适宜的园本课程。这是前提,更是根本。

公能根基课程从特定的幼儿园实际出发,充分挖掘园内外各种资源,如物力资源、环境资源、设施资源及专业的人力资源等,使课程内容更加贴

近幼儿生活,充分调动幼儿已有生活经验,顺势而为地促进幼儿全面和谐发展。

(三)以幼儿的兴趣为出发点,支持和满足幼儿发展的需求

教育的根本目的是为了幼儿的发展,园本课程的存在是为了满足不同幼儿的具体情况和需求,进而弥补普适性课程难以达到的"关注幼儿个体差异"的教育追求。在园本课程开发的过程中,以幼儿的兴趣为出发点,尽可能满足幼儿发展的现状和需求,才能将对幼儿个别差异的关注落到实处,进一步追求"促进每个幼儿富有个性的发展"的教育目标。

公能根基课程从实际生活出发,将预设和生成相结合,根据幼儿年龄特点,有针对性地组织适宜活动,如大班的"童眼看南开""我身边的桥"及中班的"南小开剧场"等。园本课程因地制宜,针对具体的儿童特点,追随儿童的兴趣和需要,以幼儿生活及其所关注的现象和事物为基础,将"尊重幼儿个体发展"落到实处,充分调动幼儿学习的积极性,促进幼儿生命成长和全面发展。

(四)挖掘家长、社区、社会资源,积极寻求教育合力

《纲要》一再强调,幼儿园应该与家庭、社区密切合作,充分利用各种教育资源,共同为幼儿的发展创造良好的条件。以幼儿园为主体,积极调动多方人员的共同参与,一方面可以充分利用周围的教育资源,提高幼儿园教育的质量;另一方面,幼儿园可以与家长、社区人士等形成教育合力,充分发挥其各自所长,共同促进幼儿的发展。幼儿园作为专业教育机构,在寻求家长、社区以及社会合作的过程中,始终要保持自身的主导地位,保持自身积极主动的合作态度,与家长、社区、社会资源等相互尊重、平等对话。

我们需要认识到,幼儿园家长来自各行各业,其丰富的人生阅历及专

长是幼儿园教师所不能及的,幼儿园应该将家长资源作为幼儿园的重要教育资源来挖掘。通过组织活动,让家长参与到课程建设与改革过程中来。家长不仅要"参观"教学,更要了解、参与到幼儿园组织的各种活动中,在活动中发挥作用,实现从"参观"教育到"参与"教育的改变。尤其是公能根基课程的实施更离不开家长的支持,更需要广泛挖掘社区以及社会力量。对于幼儿园来说,要发挥主动性,合理利用家长资源。幼儿、家长、教师三方要相辅相成、平等沟通、共同学习、共同成长。

第三节 公能根基课程建构的步骤与策略

课程作为幼儿园教育的载体,可以说是高校幼儿园品牌建设的核心。系统完善的课程体系有助于教师形成共同的价值取向,并指导课程实践,最终促进幼儿的全面发展。

课程理念与文化是幼儿园品牌建设的核心与灯塔,在理念指引下,课程目标、课程内容、课程组织与实施、课程评价形成动态循环的良好态势。公能根基课程建构的步骤与策略如图2-5:

图2-5 "公能根基"园本课程开发步骤

一、分析情景,确定课程理念

公能根基课程开发首先要对幼儿园内外部的情景进行分析。幼儿园的内部情景包括幼儿园的历史沿革、规模、类型、幼儿及家长特点、师资队伍、幼儿园课程状况、幼儿园组织结构、办园条件、财政资源等;幼儿园外部情景包括幼儿家庭背景、社区状况、资源优势、教育教学改革与发展状况、社会文化、社会制度等。基于对上述情景的分析,南开大学幼儿园逐步建立起一脉相承的、具有文化独特性的办园理念,从而建立公能根基园本课程体系。

二、依据理念,制定课程目标

在全面分析与掌握幼儿园情景的基础上,园所进一步制定园本课程的培养目标。在公能根基课程理念的指导下,我们希望能够将"情与智"的种子埋藏在幼儿的心中,确立了"强的体魄,雅的言辞、善的品行,活的头脑,美的艺趣"的培养目标。在目标确定的过程中,以民主开放的态度与家长及专家一起展开调查、评估,然后根据各种需求之间的关系,确定有体系、有层次的目标,包括园本课程开发的总目标,并将其分为小、中、大班三个年龄阶段幼儿的发展目标。目标体系具有开放性,在课程推进过程中不断调整完善。

三、挖掘资源,选择课程内容

南开大学幼儿园以"充分挖掘利用高校资源、有效拓展幼儿学习与发展的空间"为切入点,逐步形成了以"我爱南开"为主题的特色园本课程。

五虎路,以当年威震中外篮坛的五位学子斗士而命名。大中小班科学设计由远及近的多条路线,徒步远足,途经不同的爱国主义教育基地,倾听南开故事,学五虎精神,做身心强健的小小南开人。

省身楼,世界级数学大师工作之地。家园合作创办"虫洞游戏学院",玩转逻辑数学、自然现象、宇宙奥秘、化学变化、气象原理,激发幼儿的主动探索和对科学的热爱。

马蹄湖,夏日荷花开满塘。幼儿们拿起摄像头,按下快门,捕捉孩童眼中的南开景象,幼儿们的摄影作品在美丽的南开园中展览。

主楼前,周恩来总理塑像高大伟岸。每逢清明,幼儿园师生都会来此祭奠,几十年从未间断,爱祖国、爱人民、爱南开的无尽情愫在幼儿们心中无限传递。

叶嘉莹,诗词的女儿,风雅的先生。幼儿园毗邻迦陵学舍,幼儿们现场聆听先生吟诵"柔蚕老去应无憾,要见天孙织锦成",中华古典文化的种子在幼儿心中生根发芽。

此外,园所充分运用自身独特的资源优势,将具有高知识、高学历水平的家长资源运用到幼儿园的教育教学活动中。特殊的家长助教活动,不仅开阔了幼儿的视野,亦提高了家长对幼教工作的认识与理解,增进了大学职工身份的家长与幼儿园、教师、幼儿之间的人文情感联系,使大学校园里的幼儿教育更加具有生命力!家长是课程中一项重要的教育资源,大学内的家长资源更如一股清泉融入幼儿教育领域,丰富了大学附属幼儿园里幼儿的生活经验。

四、园本教研,进行课程评价

在公能根基课程理念指导下,进行课程评价。幼儿园课程评价是对幼儿园课程的计划、活动以及结果等有关问题的质或量的记述基础上进行价值判断的过程。幼儿园依托园本教研,对课程的目标、内容、实施方式进行全面评价,并根据评价结果对课程进行完善与发展。

教师是课程的研究者、开发者与实施者,具有主动诠释课程、开发课程的能力。在课程实施的过程中,我们鼓励教师在公能根基课程理念指导下,根据本年龄段幼儿的年龄特点与本班幼儿的兴趣需要,在教育教学情境中生成课程,为幼儿的个性化发展创设条件。同时,我们利用教科研活动,对这些活动进行交流分享。幼儿园新开发的课程,对于教师是一个新的挑战。在课程实施前,我们根据课程实施中需把握的要素与核心理念,对教师进行培训,同时倾听教师的困惑与想法,不断由"自上而下"转变为"自下而上"的园本课程开发模式。教师在参与中更好地适应其角色的转换,更深入地研究课程实施的对象、课程实施的条件与方法,更加准确地理解和实施课程。

第三章　朵朵花蕾要蕴根
——公能根基课程目标的确立

　　课程目标是教育活动的灵魂,在整个教育活动中有着举足轻重的作用。它为教育活动指明了方向,为教育活动的内容选择和组织提供依据,同时也是教育活动评价的重要准则。

　　公能根基课程目标是指导整个课程组织以及实施最为关键的准则和要素,特别强调幼儿主动探索的价值,把主动学习作为儿童发展过程的核心。

第一节　公能根基课程目标制定的依据与来源

一、公能根基课程目标制定的依据

（一）《幼儿园教育指导纲要（试行）》与《3-6岁儿童学习与
　　　发展指南》的目标

《幼儿园教育指导纲要（试行）》指出:幼儿园的教育内容是全面的、启蒙性的,各领域的内容相互渗透,从不同的角度促进幼儿情感、态度、能力、知识、技能等方面的发展。《幼儿园教育指导纲要(试行)》以教育内容为框架表述的课程目标如下:

1. 健康目标

(1)身体健康,在集体生活中情绪安定、愉快;

(2)生活卫生习惯良好,有基本的生活自理能力;

(3)知道必要的安全保证常识,学习保护自己;

(4)喜欢参加体育活动,动作协调、灵活。

2. 语言目标

(1)乐意与人交谈,讲话礼貌;

(2)注意倾听对方讲话,能理解日常用语;

(3)能清楚地说出自己想说的事;

(4)喜欢听故事、看图书;

(5)能听懂和会说普通话。

3. 社会目标

(1)能主动地参与各项活动,有自信心;

(2)乐意与人交往,学习互助、合作和分享,有同情心;

(3)理解并遵守日常生活中基本的社会行为规则;

(4)能努力做好力所能及的事,不怕困难,有初步的责任感;

(5)爱父母长辈、老师和同伴,爱集体、爱家乡、爱祖国。

4. 科学目标

(1)对周围的事物、现象感兴趣,有好奇心和求知欲;

(2)能运用各种感官,动手动脑,研究问题;

(3)能用适当的方式表达、交流探索的过程和结果;

(4)能从生活和游戏中感受事物的数量关系并体验到数学的重要和

有趣;

（5）爱护动植物,关心周围环境,亲近大自然,珍惜自然资源,有初步的环保意识。

5. 艺术目标

（1）能初步感受并喜爱环境、生活和艺术中的美;

（2）喜欢参加艺术活动,并能大胆地表现自己的情感和体验;

（3）能用自己喜欢的方式进行艺术表现活动。

《3-6岁儿童学习与发展指南》从健康、语言、社会、科学、艺术等五个领域描述幼儿学习与发展,分别对3-4岁、4-5岁、5-6岁三个年龄段末期的幼儿应该知道什么、能做什么、大致可以达到什么发展水平等内容提出了合理期望。

南开大学幼儿园贯彻落实《幼儿园教育指导纲要(试行)》与《3-6岁儿童学习与发展指南》精神,以幼儿发展为本,尊重幼儿的年龄特点,并结合本园特色,制定南开大学幼儿园公能根基课程目标体系。同时提高南开大学幼儿园幼儿教师的课程意识,注重学习—实践—反思—实践—总结的过程性研究,全面提升教师挖掘园本课程资源,并将其渗透于课程实施过程的能力,形成具有本园特色的课程目标体系。

（二）幼儿园课程学习领域的目标

幼儿园课程中分别对健康、语言、数学、科学、美术、音乐、社会各种学习内容提出具体目标,旨在通过为幼儿提供有计划的学习活动,满足幼儿需要,培育幼儿各方面能力,促进幼儿全方面发展。

1. 幼儿园健康教育的目标

幼儿园健康教育旨在通过为幼儿提供有计划的学习活动,旨在提高幼儿对健康的认知水平,改善对待个人和群体健康的态度,培养有益于健康的行为方式和习惯,从而促进幼儿的健康成长。

2. 幼儿园语言教育的目标

幼儿园语言教育旨在通过为幼儿提供有计划的学习活动,发展幼儿运用语言与人沟通的能力,提高幼儿思维的水平,满足幼儿欣赏语言美的需要。

3. 幼儿园数学教育的目标

幼儿园数学教育旨在通过为幼儿提供有计划的学习活动,引导幼儿学习一些粗浅的数学知识和技能,帮助幼儿获得有关物体形状、数量以及空间、时间等方面的感性经验,培养幼儿对数学活动的兴趣。

4. 幼儿园科学教育的目标

幼儿园科学教育旨在通过为幼儿提供有计划的学习活动,激发幼儿对周边事物的好奇心,提高幼儿探索事物的兴趣,获取与生活经验相贴近的科学常识,为学龄期科学概念的学习打下基础。

5. 幼儿园美术教育的目标

幼儿园美术教育旨在通过为幼儿提供有计划的美术学习活动,满足幼儿表现、表达和创造的需要,陶冶幼儿审美的情趣,培育幼儿欣赏美和表现美的能力。

6. 幼儿园音乐教育的目标

幼儿园音乐教育旨在通过为幼儿提供有计划的音乐学习活动,满足幼儿表现、表达和创造美的需要,陶冶幼儿审美的情趣,培育幼儿欣赏美和表现美的能力。

7. 幼儿园社会教育的目标

幼儿园社会教育旨在通过为幼儿提供有计划的学习活动,促进自我意识的形成,发展与人交往、合作的能力,增进对社会和世界的理解。

二、公能根基课程目标制定的来源

儿童发展、社会生活和人类知识是制定课程目标的依据，同时也是课程目标的来源。

（一）对儿童发展的研究

幼儿园课程是为支持、帮助、引导幼儿学习，促进其身心的全面和谐发展而设置的。为了建立合理的期望，必须研究幼儿。一方面，需要了解幼儿身心发展的规律，关注幼儿的认知发展、情感萌芽、社会化过程及个性形成等方面的规律与特点；另一方面，尤其应当关注幼儿的发展需要，包括爱与归属感的需要、安全感的需要、获得新的学习经验的需要、获得积极的情绪体验的需要、担负责任的需要。认识到"理想的发展"与"现实的发展"之间的距离，即可明确幼儿的发展现状、潜力与前景，确定一定阶段幼儿可能达到的水平及个别差异，发现教育上的需要，从而对幼儿建立期望，明确什么目标是适宜的、什么目标是不适宜的，以使课程目标有效地发挥引导与促进幼儿学习与发展的作用。

（二）对社会生活的研究

教育先行，教育不能被动适应社会生活的需求，而应该超越当前的社会，走在社会发展的前面。在考虑幼儿园课程的目标时，必须研究社会发展对未来儿童的期望和社会生活的需求。社会对儿童成长的期望，既直接反映在政府的教育方针、政策法规和各种有关文件中，体现在社会的政治、经济、文化中，也反映在幼儿家长的合理需求中。现在走进幼儿园的幼儿，正是国家2035年建设计划的接班人，担负着建设社会主义现代化强国的责任。在公能根基课程开发过程中，园所充分理解各种政策法规、把握社会生活的变化、尊重家长的合理需求，以此为基础制定课程目标，提高幼儿园教育对社会需求的适宜性,培养出既符合社会的需求,又能主动适应社会,体验自主、自信和成功的人。

(三)对知识学习的研究

知识是人类智慧的结晶,知识可以帮助幼儿更好地认识自然、认识社会、认识自己。幼儿园课程的一个重要职能是传递社会文化,使幼儿从一个自然人发展为掌握一定知识经验的人。幼儿园课程注重的应该是学科知识的一般发展价值,而非专业的学术特殊价值。因此,从知识的角度考虑课程目标时,最为关心的应该是"各学科领域的知识与幼儿身心发展有什么关系,它能促进幼儿哪些方面的发展"。

在教育目标体系中,来自三个来源的信息之间的关系,需要进行过滤、筛选、协调等处理。筛选协调工作应该分为两步进行:

第一步,为"可能性筛选"。其主要任务是将三方信息加以综合整理,将那些相互矛盾的、重叠的,不符合儿童年龄特征、社会需要的内容,或删除、或合并、或修正,构成一个可能性的目标体系。当然,这种筛选还只是初步的。筛选工作可以与寻找目标信息的工作同步进行。例如,我们在研究社会生活中的目标信息时,同时要考虑幼儿的特点;研究幼儿的发展需要中所蕴含的目标时,也首先要选择那些符合社会要求的内容。在这一步里,社会学、心理学和知识论三者起着相互过滤的作用。

第二步,为"价值性筛选"。这是十分重要的一步,它将决定教育目标的价值取向。这里的过滤网和调节器是教育哲学和学习心理学。如何处理三者的关系,要取决于我们的教育价值观和对儿童学习的研究。

经过这两次的筛选和协调,适当的幼儿园课程目标体系基本确定。

三、公能根基课程目标表述的类型

幼儿园课程目标的确定,使幼儿园课程编制的方向能得以明确,让课

程内容的选择和组织以及课程的实施和评价等与课程目标成为一个有机
的整体。对儿童发展、社会需求和知识的性质以及这三者之间关系的不同
理解,使课程目标存在不同的价值取向。如图 3-1 所示,在幼儿园课程
中,较为常见的目标取向有行为性目标、生成性目标和表现性目标等。

图 3-1　幼儿园课程目标确定示意图

（一）行为性目标

行为性目标是以儿童具体的、可被观察的行为表述的为课程目标,它
指向的是课程实施以后在儿童身上所发生的行为变化。行为性目标具有
客观性和可操作性等特点。

（二）生成性目标

生成性目标是在教育过程中生成的课程目标,它反映的是儿童经验生
长的内在要求,反映的是问题解决的过程和结果。

（三）表现性目标

表现性目标是指每一个儿童在各种具体教育情境的相互作用中所产
生的个性化表现。表现性目标多被运用于艺术领域中。表现性目标追求
的不是儿童反应的同质性,而是反应的多元性。

课程的各种目标取向在幼儿园课程中具有互补性。各种课程目标取
向各有其长处,也各有其短处。应该说,从行为性目标取向发展到生成性
目标取向,再发展到表现性目标取向,体现了课程发展对人的主体价值和

个性解放的追求,反映了时代精神的发展方向。在园所课程目标的编制中,应对各种课程目标取向,兼容并蓄,取长补短,为达成功能根基课程的目标而服务。

第二节　公能根基课程目标的体系与层次结构

幼儿园课程目标的层次也可称为纵向结构,课程目标从上到下可分为四个层次。由表及里,深入制定目标,能够更具体实效地指导课程的实施与开展,如图3-2所示。

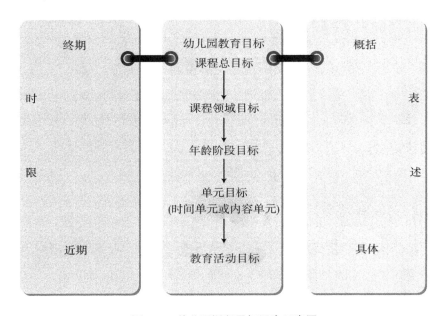

图3-2　幼儿园课程目标层次示意图

一、公能根基课程总目标

公能根基课程建构的总目标包含以下四个方面,分别是课程发展目标、儿童发展目标、教师发展目标及幼儿园发展目标:

◎ 公能根基课程的开发与实施

(一) 课程发展目标

课程发展的目标是从幼儿的实际需求和兴趣出发,梳理出一套系统的公能根基理论模式和内容框架,合理有效地开发和应用"公能根基课程",建构幼儿个性品质、能力发展的实践模式,通过对课程的目标、内容、组织、评价等方面的研究,建立一套适宜本园幼儿发展的课程体系。

(二) 儿童发展目标

在南开大学办学思想的指引下,幼儿园确立了"公能"的教育目标。"公"是指具有爱的品格:从爱自己、爱他人、爱自然到爱南开、爱家乡、爱祖国。爱的范围越来越广,南开的幼儿必将拥有更加宽广的胸怀和更加崇高的信仰。"能"是指具有适应现代社会的能力。在对《指南》提出的幼儿五大领域发展要求深入解读的基础上,公能根基教育对幼儿"能"的发展创造性地提出了独具南开特色的五项要求,即培养具有强的体魄、雅的言辞、善的品行、活的头脑和美的艺趣的小小南开人。

(三) 教师发展目标

提高不同发展阶段教师对幼儿的专业观察能力以及活动支持能力,培育一支在课程实践中具有较高专业素质和科研能力的教师队伍。具体表现为"健康、儒雅、自信、乐群、创新"。

(四) 幼儿园发展目标

以公能根基课程作为我园的教育品牌,通过专家的指导、同行的交流以及友好园辐射等途经提升幼儿园知名度,使公能根基课程成为南开大学幼儿园的鲜明品牌特色。

二、公能根基课程领域目标

表 3-1　公能根基课程领域目标

强的体魄	身体动作	拥有健康的体态
		具有一定的平衡能力,动作协调、灵敏
		具有一定的力量和耐力
		手的动作灵活协调
		能组合各种身体动作
	生活习惯和生活能力	具有良好的生活和卫生习惯
		具备基本的生活自理能力
		具备基本的安全知识和自我保护能力
	情绪调节	认识自己,发展自我
		觉察与辨识自己的情绪及生活环境中他人的情绪
		合宜地表达自己的情绪
		理解自己以及生活环境中他人情绪产生的原因
		运用策略调节自己的情绪
雅的言辞	倾听	能够倾听他人
	表达	能够主动表达
		能够清楚表达
		具有良好的语言交往习惯
	阅读	喜欢听故事并愿意进行阅读
		具有初步的阅读能力
	书写准备	有想要书写的愿望并能用各种方式进行书写

续表

善的品行	人际交往	愿意与人交往
		能与同伴友好相处
		关心尊重他人
	社会适应	喜欢并适应群体生活
		遵守基本的行为规范
		具有初步的归属感——爱南开、爱祖国
活的头脑	收集信息	收集生活环境中的信息
		收集自然现象的信息
		收集文化产品的信息
	整理信息	整理生活环境中的数学信息
		整理自然现象信息间的关系
		整理文化产品信息间的关系
	解决问题	与他人合作解决生活环境中的问题
美的艺趣	感知与回应	感知:能感受到自然界和生活中美的事物的存在
		回应:能对感受到的美的事物产生回应
	欣赏与评价	欣赏:能享受美的事物,领略其中的韵味
		评价:能对审美对象给出自己的评价
	表现与创造	表现:能主动运用各种艺术形式表达自己的感受与体验
		创造:能在表现过程中或自己的作品中体现出个人特色

三、公能根基课程年龄阶段目标

表 3-2 "强的体魄"各年龄阶段目标

"强的体魄"目标			
目标	3-4岁	4-5岁	5-6岁
身体动作发展	拥有健康的体态	1. 身高体重适宜(参照《3-6岁儿童学习与发展指南》)。 2. 在提醒下,能自然坐直、站直。	1. 身高体重适宜(参照《3-6岁儿童学习与发展指南》)。 2. 在提醒下能保持正确的站、坐和行走姿势。	1. 身高体重适宜(同前)。 2. 能经常保持正确的站、坐和行走姿势。
	具有一定的平衡能力,动作协调、灵敏	1. 能沿地面直线或在较窄的物体行走一段距离。 2. 能双脚灵活地交替上下楼梯。 3. 会投掷、抛接物体,动作不太灵活。	1. 能在较窄的低矮物体上平稳地走一段距离。 2. 在与他人玩追逐、躲闪跑的游戏时灵活转换。 3. 投掷、抛接的动作掌控得越来越好。	1. 在斜坡或有一定间隔的物体上较平稳地行走。 2. 能预测并躲避飞过来的球或扔过来的沙包。 3. 投掷、抛接物体的准确度越来越高。 4. 会操作需要运用更好的协调能力的物体。 5. 有目的地操作物体,能规划和照顾到更多的细节。

"强的体魄"目标				
目标		3~4岁	4~5岁	5~6岁
身体动作发展	具有一定的力量和耐力	1. 尝试单脚跳一定的距离。 2. 能行走或跑一段规定距离(中途可适当停歇)。	1. 能单脚连续地跳一定的距离。 2. 能不间断地行走或跑完一段规定的距离。	1. 能在规定的时间内单脚跳一定的距离。 2. 能在规定的时间内不间断地走完或跑完一段规定的距离。
	手的动作灵活协调	1. 能用笔涂涂画画。 2. 能熟练地用勺子吃饭。 3. 能用剪刀沿直线剪,边线基本吻合。	1. 能沿边线较直地画出简单图形,或能沿边线基本对齐地折纸。 2. 会用筷子吃饭。 3. 能沿轮廓线剪出由直线构成的简单图形,边线吻合。	1. 能根据需要画出图形,线条基本平滑。 2. 能熟练使用筷子。 3. 能沿轮廓线剪出由曲线构成的简单图形,边线吻合且平滑。 4. 能使用简单的劳动工具。
	能组合各种身体动作	1. 了解身体的各个部位或身体动作的名称。 2. 认识几种与身体动作有关的运动器材。	1. 能熟练地展现身体动作。 2. 初步了解各种运动器材的使用方法。	1. 玩游戏时能熟练做出规定的身体动作。 2. 熟悉各种运动器械的使用方法。 3. 能运用组合各种动作,享受肢体游戏的乐趣。

"强的体魄"目标			
目标	3-4岁	4-5岁	5-6岁
生活习惯与生活能力 / 具有良好的生活与卫生习惯	1. 在提醒下,按时睡觉和起床,并能坚持午睡。 2. 喜欢参加体育活动。 3. 在引导下,不偏食、挑食,喜欢吃瓜果、蔬菜等新鲜食品。 4. 愿意饮用白开水,不贪喝饮料。 5. 不用脏手揉眼睛,连续看电视等电子设备不超过15分钟。 6. 在提醒下,每天早晚刷牙、饭前便后洗手。	1. 每天按时睡觉和起床,并能坚持午睡。 2. 喜欢参加体育活动。 3. 不偏食、挑食,不暴饮暴食,喜欢吃瓜果、蔬菜等新鲜食品。 4. 常喝白开水,不贪喝饮料。 5. 知道保护眼睛,不在光线过强或过暗的地方看书,连续看电视等电子设备不超过20分钟。 6. 每天早晚刷牙、饭前便后洗手,方法基本正确。	1. 养成每天按时睡觉和起床的习惯。 2. 能主动参加体育活动。 3. 吃东西细嚼慢咽。 4. 主动饮用白开水,不贪喝饮料。 5. 主动保护眼睛,不在光线过强或过暗的地方看书,连续看电视等电子设备不超过30分钟。 6. 每天早晚主动刷牙,饭前便后主动洗手,方法正确。
具有基本的生活自理能力	1. 能在帮助下穿脱衣服或鞋袜。 2. 能将玩具和图书放回原处。	1. 能自己穿脱衣服、鞋袜、扣纽扣、拉拉链。 2. 能整理自己的物品。	1. 知道根据冷热增减衣服。 2. 会自己系鞋带。 3. 能按类别整理好自己的物品。
具备基本的安全知识与自我保护能力	1. 不吃陌生人给的东西,不跟陌生人走。 2. 在提醒下能注意安全,不做危险的事。 3. 在公共场所走失时,能向警察或有关人员说出自己和家长的名字、电话号码等简单信息。	1. 知道在公众场合不远离成人的视线单独活动。 2. 认识常见的安全标志,能遵守安全规则。 3. 运动时能主动躲避危险。 4. 知道简单的求助方式。	1. 未经大人允许不给陌生人开门。 2. 能自觉遵守基本的安全规则和交通规则。 3. 运动时能注意安全,不给自己和他人造成危险。 4. 知道一些基本的防灾知识。

续表

"强的体魄"目标				
目标		3~4岁	4~5岁	5~6岁
情绪调节	认识自己、发展自我	1. 探索自己喜欢做的事。 2. 表达自己基本的身体或心理需要。 3. 尝试照顾自己,学习基本的生活自理能力。 4. 根据自己的想法做选择。	1. 探索自己的兴趣与长处。 2. 表达自己的身体状况与需要。 3. 建立与调整合宜的自我照顾行为。 4. 根据自己的想法去行动。	1. 探索自己的兴趣与长处。 2. 表达自己的身体状况及其发生的原因。 3. 调整与建立合宜的自我照顾行为。 4. 适时调整自己的想法与行动,尝试完成规划的目标。
	觉察与辨识自己的情绪及生活环境中他人的情绪	1. 了解自己会出现正负向情绪。 2. 知道自己的同一种情绪存在着两种程度上的差异。 3 觉察与辨识常接触的人的情绪。	1. 辨识自己常出现的复杂情绪。 2. 辨识自己的同一种情绪有程度上的差异。 3. 辨识自己在同一事件存在着多种情绪。	1. 辨识自己常出现的复杂情绪。 2. 辨识自己的同一种情绪在不同情境中会出现程度上的差异。 3. 从事件脉络中辨识他人的情绪。
	合宜表达情绪	运用简单的动作、表情、语言表达自己的情绪。	能够运用适当的动作、表情、语言表达自己的情绪。	熟练运用适宜的动作、表情、语言表达自己的情绪。
	理解自己及生活环境中他人情绪产生的原因	1.情绪比较稳定,很少因一点小事哭闹不止。 2.尝试理解经常接触的人情绪产生的原因。	1. 经常保持愉快的情绪,不高兴时能较快缓解。 2. 理解经常接触的人情绪产生的原因。	1. 知道自己某种情绪出现的原因,并努力缓解不良情绪。 2. 理解经常接触的人其情绪产生的原因,并提出转变情绪的办法。 3. 能随着活动的需要转换情绪和注意。

续表

"强的体魄"目标			
目标		3-4岁	4-5岁	5-6岁

目标		3-4岁	4-5岁	5-6岁
情绪调节	运用策略调节自己的情绪	1. 在成人帮助下,处理自己常出现的负面情绪。 2. 在成人安抚下,处理分离焦虑或害怕的情绪。	1. 能够运用等待或改变想法的策略调整自己的情绪。 2. 能够处理分离焦虑或害怕的情绪。	1. 熟练运用等待或改变想法的策略调整自己的情绪。 2. 较快处理分离焦虑或害怕的情绪。

表3-3　"雅的言辞"各年龄阶段目标

"雅的言辞"目标				
目标		3-4岁	4-5岁	5-6岁
倾听	能够倾听他人	1. 对方讲话的时候,能够认真听。 2. 能区分不同的语音、语调。 3. 能听懂简单的日常对话,且能做出相应的反应。	1. 能够集中注意力进行倾听。 2. 知道在不同情境中,不同语音、语调所表达传递的不同意思。 3. 知道有与自己母语不同的语言的存在。	1. 能够主动并有目的地获取自己所需要的信息。 2. 能理解掌握倾听的主要内容。 3. 对于自己不理解的内容,能够进行提问。 4. 能够辨别与自己母语不同的语言。

续表

"雅的言辞"目标			
目标	3-4岁	4-5岁	5-6岁
表达 / 能够主动表达自己	1. 愿意且能够与别人进行对话。 2. 能够主动在熟悉的人面前表达自己。 3. 在熟悉的环境中愿意讲话。	1. 能够主动与他人交谈,并感受到与人交流的乐趣。 2. 能够在集体面前讲述自己感兴趣的事情。 3. 在熟悉的环境中,能够自如地表达自己的想法和需要。	1. 能够主动加入到群体的讨论之中,并且表达自己的想法与观点。 2. 能够敢于在众人面前讲话。 3. 愿意在陌生的环境中表达自己的观点。
表达 / 能够清楚表达	1. 能正确地掌握日常用语的发音。 2. 讲述时能够使用词语和简单的句子。 3. 能够辅助以简单的肢体语言来表达自己的需要和想法。	1. 表达时能够做到口齿清晰。 2. 讲述比较连贯,能够有意识地使用长句。 3. 能够基本完整地讲述自己的经历和见闻。	1. 能够有序、连贯清楚地讲述一件事,并且语音语调富有表现力。 2. 讲述时能使用常见的形容词、同义词等,语言比较生动。 3. 能够描述事件中的时间和因果关系。
表达 / 具有良好的语言交往习惯	1. 倾听别人讲话时,眼睛能够看着对方。 2. 能够在成人的提醒下使用礼貌用语。	1. 别人对自己讲话时能够做出回应。 2. 在日常对话中,能够使用文明用语。 3. 能够根据不同的场合控制自己的音量大小。	1. 与别人进行对话时,能够对别人进行积极主动的回应。 2. 与别人交谈的过程中,不随意打断别人的对话。 3. 在必要的场合能够保持安静。

"雅的言辞"目标			
目标	3-4岁	4-5岁	5-6岁
阅读	喜欢听故事并愿意进行阅读	1. 主动要求成人讲故事,并享受听故事的过程。 2. 有自己喜欢听的故事。	1. 能够积极参与故事阅读,并与大家进行互动。 2. 有自己喜欢的绘本图书。 3. 表现出对于纸质书籍的兴趣。	1. 能够主动选择图书进行阅读,感受阅读的乐趣。 2. 能够与同伴进行分享阅读。 3. 喜爱和爱护纸质书籍。
	具有初步的阅读能力	1. 能够在听故事的过程中,专心投入。 2. 能听懂短小的儿歌和故事。 3. 能看懂图书简短画面所表达的意思。	1. 能够集中注意力进行阅读。 2. 能够讲述所听到故事的大致内容。 3. 能根据连续画面提供的信息,大致明白故事的主要情节。	1. 能够保持集中注意力进行持续阅读。 2. 能够准确描述所听故事的主要情节。 3. 能够完整、连贯地讲述所看过的故事内容和情节。 4. 喜欢自己创编小故事,并乐意与人分享。
书写准备	有想要书写的愿望并能用各种方式进行书写	1. 喜欢纸笔。 2. 喜欢用涂鸦等方式表达自己的想法和需要。 3. 知道自己的姓名。	1. 对生活中常见的标识、符号感兴趣,知道它们表示一定的意义。 2. 认识自己的姓名。 3. 愿意用图画和符号表达自己的愿望和想法。 4. 在成人的提醒下,写画时使用正确的姿势。	1. 对图书和生活情境中的文字符号感兴趣,知道文字表示一定的意义。 2. 愿望用图画和符号表现事物或故事。 3. 会书写自己的名字。 4. 能够保持正确的写画姿势。

表 3-4 "善的品行"各年龄阶段目标

"善的品行"领域目标			
目标	3-4岁	4-5岁	5-6岁
人际交往 · 愿意与人交往	1. 愿意和小朋友一起游戏。 2. 愿意与熟悉的长辈一起活动。	1. 喜欢和小朋友一起游戏,有经常一起玩的小伙伴。 2. 喜欢和长辈交谈,有事愿意告诉长辈。	1. 有自己的好朋友,也喜欢结交新朋友。 2. 有问题愿意向别人请教。 3. 有高兴的或有趣的事愿意与大家分享。
人际交往 · 能与同伴友好相处	1. 想加入同伴的游戏时,能友好地提出请求。 2. 在成人指导下,不争抢、不独霸玩具。 3. 与同伴发生冲突时,能听从成人的劝解。	1. 会运用介绍自己、交换玩具等简单技巧加入同伴游戏。 2. 对大家都喜欢的东西能进行轮流和分享。 3. 与同伴发生冲突时,能在他人帮助下和平解决。 4. 活动时愿意接受同伴的意见和建议。 5. 不欺负弱小。	1. 能想办法吸引同伴和自己一起游戏。 2. 活动时能与同伴分工合作,遇到困难能一起克服。 3. 与同伴发生冲突时能自己协商解决。 4. 知道别人的想法有时和自己不一样,能倾听和接受别人的意见,不能接受时会说明理由。 5. 不欺负别人,也不允许别人欺负自己。
人际交往 · 关心尊重他人	1. 长辈讲话时能认真听,并能听从长辈的要求。 2. 身边的人生病或不开心表示同情。 3. 在提醒下能做到不打扰别人。	1. 会用礼貌的方式向长辈表达自己的要求和想法。 2. 能有关心、体贴别人的表现。 3. 知道父母的职业,能体会到父母为养育自己所付出的辛劳。	1. 能有礼貌地与人交往。 2. 能在理解别人情绪和需要的基础上给予力所能及的帮助。 3. 尊重为大家提供服务的人,珍惜他们的劳动成果。 4. 接纳尊重与自己的生活方式或习惯不同的人。

续表

"善的言行"目标			
目标	3-4岁	4-5岁	5-6岁
社会适应	喜欢并适应群体生活	1. 对群体活动有兴趣。 2. 对幼儿园的生活好奇,喜欢上幼儿园。	1. 愿意主动参加群体活动。 2. 愿意与家长一起参加社区群体活动。	1. 在群体活动中积极、快乐。 2. 对小学生活有好奇和向往。
	遵守基本的行为规范	1. 在提醒下,能遵守游戏和公共场所的规则。 2. 知道不经允许不能拿别人的东西,借别人的东西要归还。 3. 在成人提醒下,爱护玩具和其他物品。	1. 感受规则的意义,并能基本遵守规则。 2. 不私自拿不属于自己的东西。 3. 知道说谎是不对的。 4. 知道接受了任务要努力完成。 5. 在提醒下,能节约粮食、水电等。	1. 理解规则的意义,能与同伴协商制定游戏和活动规则。 2. 爱惜物品,用别人的东西时也知道爱护。 3. 做了错事敢于承认,不说谎。 4. 能认真负责地完成自己所接受的任务。 5. 爱护身边的环境,注意节约资源。
	具有初步的归属感	1. 知道和自己一起生活的家庭成员及与自己的关系,体会到自己是家庭的一员。 2. 能感受到家庭生活的温暖,爱父母、亲近与信赖长辈。 3. 能说出自己家乡所在街道、小区(乡镇、村)的名称。 4. 认识国旗、知道国歌。	1. 喜欢自己所在的幼儿园和班级,积极参加集体活动。 2. 能说出自己家所在地的省、市、县(区)名称,知道当地有代表性的产物或景观。 3. 知道自己是中国人。 4. 奏国歌、升国旗时能主动站好。	1. 愿意为集体做事,为集体的成绩感到高兴。 2. 能感受家乡的发展变化并为此感到高兴。 3. 知道自己的民族,知道中国是一个多民族的大家庭,各民族之间要互相尊重、团结友爱。 4. 知道国家一些重大成就,爱祖国,为自己是中国人感到自豪。

表3-5 "活的头脑"各年龄阶段目标

"活的头脑"目标				
目标		3~4岁	4~5岁	5~6岁
收集信息	收集生活环境中的信息	1.体验和发现生活中很多地方都用到数。 2.感知生活环境中的数字符号。 3.辨识与命名物体的形状,对不同的形状感兴趣。 4.感知物体位置间的上下关系。	1.认识数字符号,对环境中各种数字的含义有进一步探究的兴趣。 2.运用点数收集生活环境中的数量信息。 3.感知生活环境中的数字符号。 4.辨识与命名物体的形状。 5.辨识两个物体间位置的上下、前后、里外关系。 6.运用身边物件为单位进行测量。	1.认识数字符号。 2.运用点数收集生活环境中的数量信息。 3.辨识生活环境中的数字符号的意义。 4.运用数字符号记录生活环境中的信息。 5.感知物体的形状会因观察角度的不同而不同。 6.以自己为定点,辨识物体与自己位置间的上下、前后、左右的关系。 7.运用标准单位进行测量。
	收集自然现象的信息	1.尝试观察动植物的生长变化。 2.尝试观察自然现象特征的变化。 3.尝试以图像记录自然现象的信息。	1.能够观察动植物的生长变化。 2.能够观察自然现象特征的变化。 3.能够以图像记录自然现象的信息。	1.主动观察动植物的生长变化。 2.主动观察自然现象特征的变化。 3.主动以符号形式记录自然现象的信息。
	收集文化产品的信息	1.尝试探索生活物件的特征。 2.尝试以图像记录生活物件的特征。	1.能够探索生活物件的特征。 2.能够以图像记录生活物件的特征。	1.主动探索生活物件的特征。 2.主动以符号形式记录生活物件的特征。

"活的头脑"目标			
目标	3~4岁	4~5岁	5~6岁
整理信息 · 整理生活环境中的数学信息	了解生活环境的数学信息及整理方式。	尝试依据序列整理自然现象或文化产物的数学信息。	1. 依据序列整理自然现象或文化产物的数学信息。 2. 感知物体间排列的形式。 3. 运用十以内的合成与分解整理数量信息。 4. 运用图或表整理生活环境中的数量信息。
整理信息 · 整理自然现象信息间的关系	1. 根据动植物的特征归类。 2. 比较动植物特征的异同。	1. 依据特征为自然现象分类并命名。 2. 尝试表达自然现象特征间的关系。 3. 尝试表达动植物与生活的关系。	1. 与他人讨论自然现象特征间的关系。 2. 与他人讨论自然现象的变化与生活的关系。
整理信息 · 整理文化产品信息间的关系	1. 依据生活物品的特性与功能归类。 2. 比较生活物品特征间的异同。	1. 表达分享生活物品特征间的关系。	1. 与他人讨论生活物品特征间的关系。 2. 与他人讨论生活物品与生活的关系。
解决问题 · 与他人合作解决生活环境中的问题	1. 探索解决问题的可能办法。	1. 参与讨论解决问题的可能方法并实际执行。	1. 与同伴讨论解决问题的方法，并与他人合作实际执行。 2. 与他人共同探索问题解决的过程。

表3-6 "美的艺趣"各年龄阶段目标

<table>
<tr><td colspan="5" align="center">"美的艺趣"目标</td></tr>
<tr><td colspan="2" align="center">目标</td><td align="center">3-4岁</td><td align="center">4-5岁</td><td align="center">5-6岁</td></tr>
<tr>
<td rowspan="2">感知与回应</td>
<td>感知:能感受到自然界和生活中美的事物存在</td>
<td>1.喜欢观看花草树木、日月星空等大自然中美的事物。
2.喜欢听悦耳的声音和音乐。</td>
<td>1.在观察美的事物时注意到其色彩、形态等特征。
2.感知到声音的高低快慢、长短、强弱变化。</td>
<td>1.对美的事物的要素特征的发现更迅速、识别更准确。
2.喜欢环境中美的声音,并产生联想。</td>
</tr>
<tr>
<td>回应:能对感受到的美的事物产生回应</td>
<td>1.乐于观看不同艺术形式的作品。</td>
<td>1.能专心地观看戏剧或舞蹈表演,心情愉悦。
2.能认真倾听音乐,也能随着音乐摆动身体。</td>
<td>熟练运用多种方式来表达自己对美的理解。</td>
</tr>
<tr>
<td rowspan="2">欣赏与评价</td>
<td>欣赏:能享受美的事物,领略其中的韵味</td>
<td>1.对音乐、视觉艺术、舞蹈戏剧等表现出一定的兴趣。</td>
<td>1.能感受音乐的强弱、高低快慢带来的变化。
2.对不同风格的艺术作品有不一样的感受。
3.有自己喜欢的戏剧人物或角色。</td>
<td>1.欣赏视觉艺术创作,说出自己对作品的理解。
2.欣赏音乐创作,描述个人体验到的特色。
3.欣赏戏剧表演,描述个人获得的感受。</td>
</tr>
<tr>
<td>评价:能对审美对象给出自己的评价</td>
<td>1.能说出自己对作品的整体印象。</td>
<td>1.能从作品的要素和形式关系的角度对审美对象做出评价。</td>
<td>1.对某一类或某几类艺术作品有自己的喜好。
2.能跟其他人分享喜爱的艺术作品并说明理由。</td>
</tr>
</table>

"美的艺趣"目标			
目标	3-4岁	4-5岁	5-6岁
表现与创造 表现:能主动运用各种艺术形式来表达自己的感受与体验	1. 有参与歌唱、舞蹈、戏剧演出等艺术活动的愿望。 2. 经常自哼自唱或模仿有趣的动作、表情和声调。 3. 经常涂涂画画、粘粘贴贴并乐在其中。	1. 经常唱唱跳跳、愿意参加歌唱、律动、舞蹈、表演等活动。 2. 经常用绘画、捏泥、手工制作等多种方式表现自己的所见所想。	1. 能够运用不同的艺术形式来表达自己的内心感受、情绪情感、生活体验或者想象。 2. 在艺术活动中既能与他人合作表现,也能独立表现。 3. 能比较准确地画出自己想要表现的东西。
创造:能在表现的过程中或自己的作品中体现个人的特色	1. 艺术作品尝试从模仿阶段过渡到自主创作。	1. 能够通过即兴哼唱、即兴演出表达自己的感受。 2. 能改编故事或歌词。 3. 在创作作品时有自己的特色。	1. 能灵活而富于创造性地使用素材与工具。 2. 能尝试用不同的主题或手法进行表达与创作。 3. 有自己的艺术创作偏好。

四、公能根基课程单元目标

单元目标是对年龄阶段目标的再细化,这个单元目标指的是主题活动的目标。例如,大班项目探索活动《我身边的桥》的单元目标包括:

1. 认识各种各样的桥;了解桥的种类与结构特点;寻找身边的桥;知道桥在人们生活中的便利性。

2. 在合作中养成相互配合的良好品质;萌发对科学活动的兴趣,感受创造的喜悦;主动与同伴分享劳动成果。

3. 运用已有的经验,进行大胆想象与创造;运用现有的材料进行设计,发展动手操作能力和表现力;发挥想象力,尝试以绘画的形式表达自己对桥的认识;掌握平衡的方法,并在游戏中熟练运用。

五、公能根基课程教育活动目标

教育活动目标是最为具体的活动目标,即某一教育活动所预期达到的效果,它是比较具体、微观、直接指导幼儿园具体活动的教育目标。例如,大班远足活动《秋游记》中的活动目标为:结合自己在南开校园的生活经验,制订秋游计划,共同安排秋游路线。

教育活动目标依据布鲁姆等人的《教育目标分类学》,分别从认知领域、情感领域、动作技能领域进行表述:

1. 认知领域:包括知识的掌握和认知能力的发展;

2. 情感领域:包括兴趣、态度、习惯、价值观念和社会适应能力的发展;

3. 动作技能领域:包括感知动作、运动协调和动作技能的发展。

例如,在《我身边的桥》主题活动下,《我来建造桥》教育活动中,我们将教育活动目标定义为:

1. 了解桥的种类、建筑材料与功能;

2. 乐于与同伴分享发现,体验与同伴合作和创造的乐趣;

3. 能通过多种方式收集关于桥的资料,并能用图画和符号的形式进行表征、记录;能大胆想象创造,使用多种材料设计建造桥。

第四章 破土发芽出茅庐
——公能根基课程内容的选择

  课程内容是课程的"心脏",课程内容的选择与组织是实现课程目标的关键和手段,它解决的是为有效实现课程目标,教师应教什么,幼儿应学什么,以及教师应该如何安排这些内容的问题。课程内容作为实现课程目标的载体,是活动、是经验。课程内容的设定既要符合学前儿童的特点,又要围绕课程的核心。对学前儿童来说,最有效的学习就是他们感兴趣的学习,最有效的学习内容就是他们可以感知的、具体形象的内容。内容主要源自儿童周围的现实生活,因此,幼儿园课程的内容与现实生活的距离越近,越能引发幼儿的学习兴趣,幼儿的学习也就越有效。

第一节 公能根基课程内容选择的指导思想

  幼儿的发展始终是幼儿教育最根本的目的。幼儿园课程的建构以及由此而来的一切教育活动都是围绕着"儿童发展",即"怎样发展""如何看待发展""如何有效发展"进行的。园所的课程建设依据《3-6岁儿童学习与发展指南》中关注"幼儿个别差异"的原则,遵循幼儿年龄的发展特点及发展规律,基于尊重幼儿天性、尊重幼儿发展的前提,尝试探索适合幼儿、支持幼儿能力发展的有效途径。园所在建构公能根基课程时,努力把握好国家的教育方针政策,顺应社会发展的需要,吸取心理学、教育学多种理论的合理内核,尊重幼儿的年龄特点和认知特点。基于以上思想来设计课程,内容由远及近、由浅入深、由表及里。公能根基课程内容选择的基本指导思想如下:

一、关注《幼儿园教育指导纲要(试行)》的指导与要求

《幼儿园教育指导纲要(试行)》指出幼儿教育活动应通过多种方式进行组织,应充分考虑幼儿的学习特点和认知规律,各领域的内容有机联系、相互渗透,注重综合性、趣味性、活动性,寓教育活动于生活中、游戏中。公能根基课程内容的选择将此要求作为依据。

二、关注《3-6岁儿童学习与发展指南》的指导与要求

《3-6岁儿童学习与发展指南》指出幼儿的学习是以直接经验为基础,在游戏和日常生活中进行的。要珍视游戏和生活的独特价值,创设丰富的教育环境,合理安排一日生活,最大限度地支持和满足幼儿通过直接感知、实际操作和亲身体验获取经验的需要,严禁"拔苗助长"式的超前教育和强化训练。公能根基课程内容的选择注重活动内容的实践性和操作性。

三、关注幼儿的生活以及身心发展需要

公能根基的课程内容应关注幼儿的特点,具有挑战性、前瞻性和拓展性。所以,课程内容的组织应该基于幼儿的经验与生活,以促进幼儿的全面可持续发展为目标,在关注幼儿现有发展水平的基础上,促进其长远发展,培养能够适应现代社会的幼儿。

第二节　公能根基课程内容选择的原则

在信息爆炸时代,知识呈几何级数增长,幼儿可以学习的内容远比应该学且能够学的内容要多得多。在有限的时间下,什么知识最有价值,哪些内容应该进入课程,都是课程设计者必须面对的问题。根据《幼儿园教育指导纲要(试行)》的精神,结合幼儿园课程内容选择中存在的问题,公能根基课程在选择课程内容时遵循着以下原则:

一、目的性原则

幼儿园课程内容是实现课程目标的手段,选择幼儿园课程内容时要紧紧围绕课程目标进行,目标为内容的选择提供了基本的范围与标准。[①]

公能根基课程在选择课程内容时,原则之一是所选择的课程内容必须符合并有助于实现课程的培养目标。目标与内容紧密结合,不可割裂。首先,我们关注内容与目标的关联性。在利用高校资源设计活动时,我们不断思考,此活动有何教育价值,能够达成哪些目标? 其次,关注健康、语言、社会、科学、艺术五大领域目标的全面性,同时考虑每一领域在认知、情感态度以及动作技能等方面的全面性。

二、基础性原则

幼儿园教育属于基础性教育,故幼儿园课程也应符合基础性原则。公能根基课程以培养幼儿的基础素质、以为幼儿的终身可持续发展奠基为目

---

① 虞永平,原晋霞,全国高等教育自学考试指导委员会.幼儿园课程[M].高等教育出版社,2014:50.

的,在筛选南开大学校内资源设计课程内容时,我们建立科学的评价体系,选择适合幼儿年龄特点的恰当资源。公能根基课程注重挖掘小小南开人日常生活的教育价值,抓住幼儿发展的关键期与敏感期,适时适度培养不同年龄段幼儿去体验、去感知、去操作、去创造。

三、价值性原则

公能根基课程的内容选择应体现出自身的教育价值,这样才能使幼儿获得有效的学习经验。什么样的课程内容是有价值的?如何判断?公能根基课程在开发过程中对活动进行教学效果的评估,可以得出比较客观科学的评价结果。

我们以课程中的科学探索游戏为例,说明价值性原则的体现。

首先,科学探索游戏的价值体现在活动应贴近幼儿的生活。活动的起源可以是幼儿在幼儿园生活、家庭生活、旅行活动或参观活动中观察到的特殊现象,让他们有兴趣来到幼儿园继续与教师伙伴们讨论。由于小小南开人的父母长辈多为校内大学教师,这使得他们接触到的问题领域更为广泛,他们经常会在自己爸爸妈妈的实验室中发现好奇的现象。

其次,科学探索游戏的价值体现在活动应有助于幼儿认识事物的本质以及事物之间的联系。虽然受年龄段的限制,幼儿无法理解高深的科学规律和抽象的原理,但是利用高校资源开展的科学探索游戏,可以初步向幼儿拨开"科学"神秘的面纱,逐步引领他们去了解科学,产生探索的兴趣,感知科学的强大,发现事物之间的联系。

最后,科学探索游戏的价值体现在活动应能使幼儿体验寻求真理的过程和方法,并使他们掌握简单的科学探究方法。这个价值的实现,需要实践操作的全力支持。南开大学物理学院等单位的实验资源,为我们实现这一价值提供了强大的支持。幼儿有机会参观实验室,听叔叔阿姨讲解器材的使用和实验方法,观看实验的操作过程,在专业指导下完成操作与探索的简单过程。

四、发展适宜性原则

公能根基课程的内容选择应符合幼儿发展适宜性原则。我们多次提到年龄段适宜、兴趣点适宜,这符合幼儿的身心发展规律以及学前期幼儿园教育的教育规律。这项原则要求课程的内容设置需将教育内容处于幼儿的最近发展区中,也就是说,课程的内容需要既符合幼儿的已有发展水平,又能留有一定的空间,让幼儿跳一跳够得着,持续向前发展,这样的课程内容才可以达到最佳的教育效果。

值得注意的是,同一年龄段的幼儿最近发展区也不一定处于同一水平。幼儿的身心发展具有十分明显的个体差异,这需要教育者仔细关注每个幼儿的发展水平和成长需求,依据不同幼儿的成长需求进行有针对性的培养。

在公能根基课程的教育理念指导下,幼儿园课程致力于为幼儿提供个性教育、因材施教。在幼儿园一日活动中,教师发现不同幼儿的学习倾向,发现不同幼儿的兴趣点以及所处的发展水平,将"尊重幼儿个体发展"充分地落实到课程内容的选择与实施中。

五、兴趣性原则

幼儿园课程面对的群体是学龄前的儿童,由于学龄前儿童的学习习惯是以兴趣为主导的,优质的课程内容必须符合兴趣性原则。

在南开大学校内资源挑选、内容选择与设计时,园所重点探讨的内容便包括幼儿的兴趣点。众所周知,假如有兴趣做一件事,将会收获最好的结果。在幼儿园阶段,课程内容重视"兴趣"的作用,这是使课程变得更有价值、更有意义的一个重要途径。因此,兴趣性原则也是公能根基课程内容选择的一个重要评判指标。

六、直接经验性原则

幼儿处于认知活动发展的初期,他们更容易理解具体形象的事物。古今中外很多教育家都主张让幼儿在自然环境中学习与游戏,在生活中、社会中习得本领。直接经验对学龄前儿童来说十分重要,在可接触的具体形象与真实情境中获得的知识,往往更容易被幼儿认知、理解、记忆、吸收。

公能根基课程在内容的选择上也遵循此原则。我们在南开大学校园里寻找适当的场景、安全适宜的设施与教具,让幼儿在游戏活动和真实体验中习得知识和方法,充分、高效地转化为幼儿自身的记忆和认知系统,帮助他们更好地认识世界。

七、"均衡"与"优先"相结合的原则

"均衡"与"优先"是并不冲突的两个概念。"均衡"的意思是组成课程内容整体的各部分比例要均衡。我们在选择公能根基课程的内容时,不断从课程整体性出发,审视所选的内容,检验反思每个目标是否有相关内容与之对应,各部分所占的比例是否是重点内容突出、主次之间比例恰当等。

何为"优先"?在选择公能根基课程的内容时,我们先对备选的高校资源以及活动内容进行价值性的评价与比较,决定该内容(资源)能否纳入此课程,以及其在课程中所占比例与先后的次序。园所遵循"缺失优先"的原则,注意为幼儿提供他们发展自身素质中必备的、而现实生活中又比较缺乏的品质或者经验和能力,从而帮助幼儿全面发展,为他们在日后的持续成长铺平道路。

第三节　公能根基课程内容选择的范围与类型

现实生活是多层次的、复杂的,生活中存在有益的经验,也存在无益的、甚至有害的经验。因此,必须对生活经验进行过滤,才能使之成为课程内容。这些内容不应该是以知识的逻辑组织起来的严格学科,而应该是以生活的逻辑组织起来的多样化的、感性化的、趣味化的活动。

公能根基课程内容的选择可以概括为"三圈活动"。三圈活动的含义如下:

一、自然圈

自然圈包括园内及园外活动。园内活动包含亲近自然的沙水游戏、种植活动,以及户外活动等。幼儿园利用户外活动场地开设小菜地、沙水池,极大地满足幼儿亲近自然的天性,在观察、探究、体验中获取生活经验,获得自然生长。园外活动包含南开大学校园环境以及幼儿周边生活的自然环境等,让幼儿充分融入自然中去感受、体验、探究、发现,激发幼儿生命内在的活力。

具体到实践层面,我们介绍几项有代表性的活动:

(一)自然圈活动包含季节特色活动

儿童是"自然之子",追随自然,亲近自然是儿童的天性。园所坐落在美丽的南开大学校园里,树木林立、绿草茵茵,一年四季都有花开,植被种类(树、灌木、花、观赏草等)极其丰富,多样的自然资源为幼儿提供了认识自然,热爱自然的天然活动场。正是因为拥有优质的自然资源,我们希望从此出发,让幼儿拥有更多和自然亲近的机会,对自然有敬畏、有热爱,小小的心里住着大大的自然。

　　园所设计的自然生态活动顺应四季轮回的自然变化而展开,以注重持续性的自然体验为主,采用主动学习的理念,关注幼儿本身的兴趣和感官体验,不断地拓展活动的深度与广度。以下是开展季节特色活动示例。

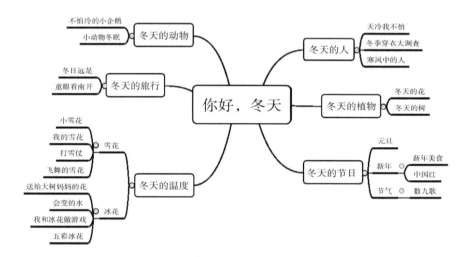

图 4-1 《你好,冬天》课题网络图

表4-1　《你好,冬天》系列活动

班级	活动名称	目标以及实施
小班	天冷我不怕	知道冬天寒冷,了解抵御寒冷的方法,从而积极参加体育锻炼。
	数九歌	知道冬天有9个九,每个九有9天,通过每天涂一个花瓣,了解冬天的节气。
	冬日远足	发现季节变化,感受南开大学季节的变化,知道天气变凉。
	冬天的树	了解冬天落叶树的主要特征,并用棉签大胆作画。
	送给大树妈妈的花	初步了解冰的形成,并大胆尝试自己制作冰花。
	我和冰花做游戏	能够与自己的冰花共同游戏,观察冰花的动态变化。
	飞舞的雪花	了解雪花的外在特征,并尝试用不同材料制作雪花。
	打雪仗	练习单手从肩上向前投掷,体验共同游戏的快乐。
	中国红	知道红色是中国人喜爱的颜色,初步了解红色与人们生活的关系。
	新年美食	了解春节的美食习俗,感受新年的快乐氛围。

班级	活动名称	目标以及实施
中班	五彩冰花	亲手制作冰花,探索不同温度下水的形态变化与气温的关系。
	不怕冷的小企鹅	了解企鹅的外形特征,并用语言描绘出来。尝试用几何图形拼摆出企鹅。学习企鹅不怕冷的美好品质。
	冬季穿衣大调查	调查冬天里不同材质的衣服,探索这些衣服不同的特点和功能。了解衣服与温度之间的关系,并和同伴进行讨论,阐述自己观点。
	寒风中的人	了解冬天晨间劳动者与人们生活的关系,萌发感恩和敬佩之情。具有不怕冷的意识,做到坚持早起不迟到。
	天冷我不怕	知道冬天不怕寒冷的办法,萌发积极参加体育锻炼的意愿,并尝试用画笔画出自己喜欢的运动。
	我的雪花	知道制作人造雪的方法。能够记录实验过程,并制作自己的雪。
	小动物冬眠啦	了解冬眠的含义,知道哪些动物需要冬眠,并进行绘画创作。
	小雪花	知道雪是水的一种形态,了解雪形成的样子。能用语言进行描绘。

续表

班级	活动名称	目标以及实施
大班	会变的水	知道水在不同条件下形态会发生变化;初步了解水的三态变化的循环过程,并进行细致观察,用准确的语言表达自己的猜想、发现与思考。
	认识气温计	了解气温计的外形和特点,学会正确使用气温计测量温度。知道爱护实验器材,轻拿轻放。
	冬天的温度	建立一年四季中冬天气温最低的概念,知道冬天因为气温低,所以觉得冷,因为冷,自然界发生了许多变化。
	冬天在哪里	寻找校园里的冬天,掌握冬天所特有的自然特征及人们衣、食等发生的变化,并初步理解"变化"的含义。
	童眼看南开——幼儿园的冬天	萌发热爱南开大学幼儿园的情感,感受幼儿园冬天的自然美和文化美,并用照相机将自己眼中的美景拍摄下来,用语言表达自己的想法和感受。
	冬天的节日	认识我国的传统节日:冬至、腊八、春节等,初步了解这些节日的习俗;加深对祖国的认识,知道我国是一个有悠久文化传统的民族。
	给小树穿衣裳	萌发感恩自然、保护树木和热爱劳动的情感,帮助小树顺利度过冬天。

(二)自然圈活动包含远足活动

城市空间的逼仄在一定程度上影响了幼儿的生活与社会交往方式,也影响了幼儿的学习形态和发展样态,使得幼儿的学习与生活总是发生在一个有限的时空范围之内。幼儿天生喜欢自然,喜欢探索,远足活动是基于儿童身心发展规律的一种实践活动,有利于打破班级与幼儿园园所环境的界限,使得课程实践更加具有生活性、游戏性与开放性。同时,远足活动对于幼儿发展、和谐家园关系、师幼关系的建构,同样具有现实意义。

陈鹤琴将儿童生活的环境作为重要的课程资源,主张幼儿在大自然、大社会中学习。幼儿园在开展远足活动的过程中,对周边的活动资源进行搜集分类,建立远足活动资源库。南开大学幼儿园以南开大学环境为依托,建立了包括自然资源与社会资源的远足资源库,将动植物、湖泊等作为自然资源,将校园建筑资源、文化资源、功能教室、人物资源等作为重要的社会资源,并根据幼儿的年龄特点、季节特点以及学校的文化特点规划远足活动。园所为大中小班科学设计了由远及近的多条路线,以"远足+研学"的模式来开展远足活动,让幼儿在远足中强健体魄、丰富经验、开阔视野,真正让远足活动成为幼儿乐于参与并能够有效拓展幼儿学习与发展空间的教育实践活动。

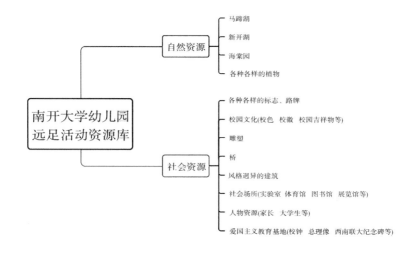

图 4-2　南开大学幼儿园远足活动资源库

(三)自然圈活动包含农耕活动

种植园地对幼儿发展的意义,不只在于优美的环境可以陶冶幼儿的情操,还在于种植园地本身以及种植过程就是幼儿园课程的重要内容。幼儿参与种植与管理,既能够锻炼多种运动能力,也能获得种植与动物饲养有关植物和动物的经验。在参与种植和管理的过程中,幼儿对很多植物的生

图4-3　小脚丈量南开，冬日快乐远足

长过程有了深入的了解，对植物的根、茎、叶、花、果等有了对比性的了解，通过各种感官感知植物的特性，发展观察能力和比较能力。在这个过程中，幼儿的审美能力、数量概念、责任意识、与同伴协作的能力、计划能力等都能够得到发展。如图4-4。

公能根基课程重视种植园地对幼儿发展的教育价值，每年开展农耕活动，师幼一起种植、管理、收获，幼儿参与度很高，在农耕活动中进行深度学习，在遇到问题时寻求家长委员会的帮助，实现家园共育。

图4-4　我们种的青菜成熟啦

二、生活圈

生活圈是指贯穿一日生活的各类活动及外出社会考察活动。结合幼儿生活环境,教师设计相应的活动,使幼儿获得与之相关的经验并加以应用。

在班级开展"小小建筑师"游戏活动期间,教师发现幼儿在搭建过程中,对南开园的桥产生浓厚的兴趣和探究欲。南开大学幼儿园坐落在环境优美的大学校园里,学校的东门有紫光桥,西南门有崇明桥,校园毗邻八里台立交桥和王顶堤立交桥,漫步南开园中,能看到各式各样桥的建筑。幼儿园周围生活环境中各种各样的桥引发了班里幼儿的关注和好奇。追随幼儿的兴趣和需要,师幼以南开园周边的桥为调研对象,开展对"桥"的游戏探索,生成"我身边的桥"主题活动。从身边的桥引发幼儿兴趣,师、幼、家长一起走进南开园,开启探究桥的旅程。

"我们一起去看桥"活动,利用高校独特的社区和家长资源优势,因地制宜,发动专业的力量,让专业的家长资源走进幼儿园,丰富幼儿的活动,同时又弥补教师在某些领域专业知识的不足。

"我们一起建造桥"活动,从收集材料到设计施工,都是幼儿自主完成的。在实际操作、亲身体验的过程中,幼儿造桥的经验得到内化。在此期间,所有的问题都是幼儿自己发现的,正是通过这些问题,幼儿才能进一步全面了解一座桥。在此过程中,教师的角色是为幼儿提供真实的游戏环境,放手让幼儿游戏,在游戏中探索解决问题的方法,不做过多的干预,让幼儿从游戏中获得连续的直接经验,如图4-5所示。

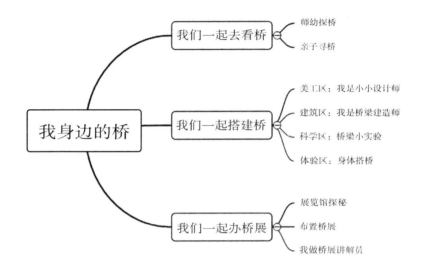

图 4-5 "我身边的桥"主题活动图

"我们一起办桥展"活动由幼儿引发,在追随幼儿的兴趣和热情中开展。在办桥展的过程中,幼儿不断遇到新问题:怎么布置桥展? 怎么设计门票? 怎么当好讲解员? 他们积极思考、想象,发挥自己的创造力,不断在真实的情景中发现问题、解决问题,不断丰富着游戏经验和技能。在桥展活动中,每位幼儿都是专注的、投入的、兴奋的。幼儿才是幼儿园真正的主人,当他们的各种兴趣、想象、创造被支持、被赞赏时,才完成了真正意义上的学习和发展。

"有趣的雕塑"也是从幼儿的生活圈出发,师、幼、家长共同探索雕塑的秘密,幼儿在此过程中获得体能、社会性、探索性、艺术性等能力的全面发展,如图 4-6 所示。

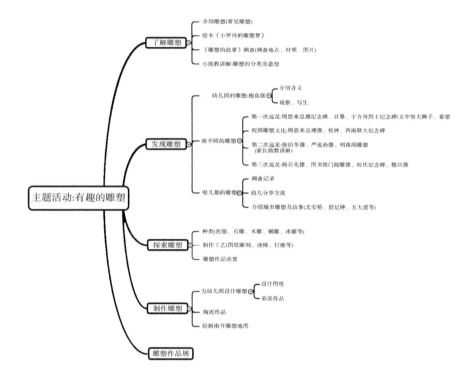

图 4-6 "有趣的雕塑"主题活动图

三、朋友圈

朋友圈是指幼儿的同伴互动活动。园所为幼儿营造同伴互动的机会，让幼儿在游戏中学习、交往、合作、分享，形成属于自己的社交网络。幼儿园利用幼儿生活经验，开展了"西南村社区"社会体验馆活动。

西南村小集市是幼儿非常熟悉的生活场所，这里有很多特色美食，还有超市、理发店等承担生活功能的门店。在"各行各业的人"主题活动中，幼儿和家长一起走进西南村，采访西南村各个小店的老板、清洁工人、超市导购和收银员等，了解他们的真实生活。其中，西南村的美食是幼儿最为关注的，"老王豆皮"的豆皮到底有多少种类型？"老陶包子"后厨里，和面、调馅、包包子、蒸包子、售卖、打包的工作人员都是怎样分工配合的？幼儿对这些问题充满了兴趣。

之后，幼儿园里构建了"西南村"社区。我们设置了"老陶包子""老王豆皮""小小理发店""物美超市""沪上阿姨"等多个社区场景，邀请小店老板或工作人员以及家长共同构建，如图4-7。在"迷你"社区如火如荼的构建过程中，我们看到，小店老板和工作人员热情地为"自家

图4-7　西南村老王豆皮店开张

小店"进行场地规划和材料准备，耐心解答幼儿充满好奇的问题；家长热心地从家里带来各种材料支持社区建设；教师和幼儿兴致勃勃而又十分专注地投入材料制作、环境布置当中，幼儿在同伴互动中获得经验的提升和发展。

第五章　阳光雨露禾苗壮
——公能根基课程的组织

第一节　公能根基课程内容的组织方式

　　幼儿教育是基础教育的重要组成部分,课程作为实现教育目标的载体,是促进幼儿发展的重要途径。在园本课程建设过程中,我们认识到:幼儿是学习与发展的主人,课程目标的制定、内容的选择、组织形式的运用等都是根据幼儿的兴趣需求、年龄特点和学习方式决定的;课程是一个不可分割的整体,课程要素间是有机融合的;幼儿园一日生活蕴含了丰富的课程资源与教育契机。通过对课程观念的理解与思考,我园对课程内容的组织方式进行了探索与研究,以支持幼儿快乐、自主、多元的发展。

　　在实践教学过程中,教师常常出现这样的困惑:集体教育活动中,如何满足幼儿共性需求,同时关注个性化需求? 如何关注到每一名幼儿? 面对幼儿需求的变化,教师如何及时地跟进支持? 面对教师的这些困惑,我们并没有急于研究解决,而是对问题进行了深入分析和思考。我们发现:集体、小组、个体等都是课程实施过程中的组织形式。但是,当教育环节出现问题时,大家往往都将焦点指向集体教育活动。我们似乎默认了集体的形式就是教育环节最好的选择。那么,选择集体教育活动的依据和理由是什么?基于幼儿的需求?基于教师组织的方便?或是长期固定的环节安排?面对幼儿不同的需求和不同的教育内容,什么时候适合集体活动的形式,什么时候应该选择小组、个体等其他活动组织形式?

每种活动组织形式都有独特的价值和意义,也有各自的优势和局限。只有灵活地运用它们,才能更好地促进幼儿的发展。我们需要整体把握课程组织形式的选择和应用。如何基于幼儿需求灵活运用活动组织形式,切实支持幼儿自主发展?"灵活运用"是突破的关键,我们试图从以下三个方面去实现这一目标。

一、时间与环节的打通

在实践研究中老师们提出,我们如何根据幼儿的学习兴趣和节奏,让教育流动起来,让幼儿的学习过程更加流畅整合。与此同时,园所从管理上也进行了改革,给教师更大的自主空间,支持教师根据幼儿需求自主安排活动区与教育活动的时间和形式。该研究主要指向的是:在幼儿感兴趣的主题情境下,打通区域游戏环节与集体教育环节的界限,支持幼儿延展性的学习,真正落实自主发展。

二、生成与预设的融合

在以"幼儿为本"的教育观念引领下,一个主题情境往往会包含多个内容的小主题,以满足幼儿的不同兴趣和需求。幼儿在活动过程中具有高度的自主空间,教师的教育很多时候是围绕幼儿提出的问题给予支持。我们将幼儿的需求和教师的预设融入活动,转化教师教育目标为幼儿需求,同时灵活借助多种活动组织形式,支持幼儿最大化的发展。

三、课程要素间的整合

是否选对了活动组织形式就一定能促进幼儿的发展？在研究与实践中，我们越来越深刻地意识到：即便是适宜的活动组织形式，要真正发挥作用，也需要与其他课程要素有机整合，只有这样才能促进幼儿的发展。从一个要素切入研究，必定会涉及其他的要素，调整环境材料不仅对于课程组织形式有影响，我们在深化课程理念的过程中，也自然地拓展出了许多新的活动组织形式。

整合课程要素与活动的组织形式，是课程研究重点之一。在思考、梳理相关研究成果的过程中，我们欣喜地发现：对于课程组织形式的研究实践，推动着课程整体的建构。对于课程其他要素的创新和突破性的思考都是伴随着这个过程产生的。一方面从实践上印证了课程的各个要素之间存在着紧密的联系，牵一发而动全身，指引我们要用联系的、发展的眼光去看待研究的问题；另一方面也要进一步思考不同组织形式的选择影响着课程其他要素作用的发挥，有机整合课程要素，能够促进幼儿获得最大化的发展。

第二节　主题活动的开展

一、利用高校资源优势

《幼儿园教育指导纲要(试行)》指出:"充分利用自然资源和社区教育资源,扩展幼儿生活和学习的空间。"因此,我们以游戏和探索为主要形式,引发、支持幼儿与南开大学的各类资源进行有效互动。

四季更迭,平静的校园中总能看到小小南开人的身影,他们或在教师的组织下寻宝远足,或在父母的陪伴下探索动植物的奥秘。幼儿在与大自然的亲密接触中获得知识、发展品质,本着"亲近自然,拥抱生活"的教育理念,我们定期组织幼儿走进南开大学的校园。幼儿在大自然的怀抱中嬉戏玩耍,通过看一看、摸一摸、闻一闻的形式,加深对南开园里建筑、植物、人文的认知。幼儿教育应密切联系幼儿的实际生活进行,利用身边的事物与现象作为教育和探索的对象。在校园中,我们从幼儿的兴趣点出发,适时、适地、适宜地开展科学活动,激发幼儿对大自然的探索。这便形成了我们的一项特色主题活动——"童眼看南开",如图5-1。

二、绘制主题网络图

南开大学自然景色优美,文化底蕴深厚,不仅是幼儿父母工作的地方,更是幼儿学习和生活的乐园。校园里的点点滴滴都蕴藏着丰富的教育资源,因此,我们常常会带着幼儿走进校园的每个角落,大中路、马蹄湖、一木林、主楼、总理像、敬业广场,这些地方总能看到幼儿游戏和探索的影子。春天我们在总理像前寻找"宝藏",夏天我们在马蹄湖畔观赏荷花,秋天我

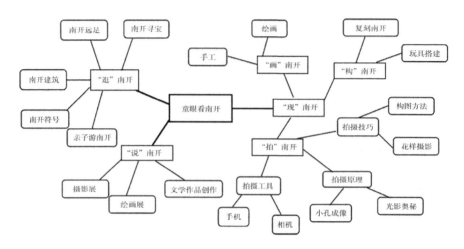

图5-1 "童眼看南开"主题网络图

们在大中路旁捡落叶,冬天我们在小花园里打雪仗。

幼儿对南开园里的自然风景非常感兴趣,我们生活的南开大学就像妈妈一样,呵护着每个人的成长,见证着每个孩子的进步。身为小小南开人,我们更有责任爱护南开大学的一草一木。我们一起在校园中捡拾垃圾,一起向路人倡导文明,一起将美丽的手工花传递给其他南开人。

在"童眼看南开"这一主题活动下,我们共分成了三个部分进行,分别是"逛"南开、"说"南开和"现"南开。以"逛"南开为例,单纯的"逛"难免会让幼儿失去兴趣,因此,教师设计了各种有趣的活动:"南开园里的远足"不仅能够增强幼儿的身体素质,同时有助于培养幼儿吃苦耐劳、坚持不懈的意志;"南开寻宝"游戏拓展了幼儿学习空间,为幼儿体验性、探索性学习创造条件;"小小文明南开人"实践活动让幼儿感受到身为小小南开人的责任感;"我和南开拍张照"摄影活动邀请家长参与,用手中的相机定格幼儿与南开的美好时光。

三、主题活动的培养目标

主题活动综合了知识、能力和态度等多方面的培养目标。我园以培养幼儿初步的问题解决能力和初步的创造意识、创造能力为主要目的,同时特别注重培养幼儿良好的情绪情感、合作意识、分享意识和表现意识等。

首先,知识方面的教育目标包括直接知识和间接知识。直接知识是幼儿通过主动的探索活动,可以主动构建的知识和经验;间接知识是幼儿在调查研究主题时通过查阅材料,与教师、同伴和家长交流获得的大量间接知识。其次,能力方面的教育目标包括关心能力、合作能力与解决实际问题的能力。其中,良好的交流交往为幼儿发展相互关心的能力、加深情感体验创造了条件。幼儿在与同伴和教师的交流、沟通和互助中,可以培养初步的合作能力。幼儿动手、动脑解决实际问题的能力,是主题活动的重要教育内容。再次,态度方面的教育内容也涉及两个方面:一是培养幼儿热爱大自然的情怀,促进他们乐于探索自然界的奥秘;二是培养幼儿热爱社会的情感,促使他们乐于交流、合作并不断进取。

我们希望幼儿能够具有强的体魄。在"逛"南开中,"南开园里的远足"这一活动为我们展示了幼儿的探索过程。远足,即徒步远行。随着幼儿年龄的增长,他们的求知欲在不断提高,思维方式也越来越丰富。他们对大千世界有着强烈的好奇心,对亲近大自然、接触社会有着强烈的愿望。此次远足活动长达 2 公里,在活动中,大部分幼儿表现出了很强的耐力和坚持性。活动前,教师充分发挥幼儿的主动性,引导幼儿自己设计远足计划书,思考远足中所需要准备的事项,让幼儿从生活必需品及远足中的安全出发,帮助幼儿建立心理及物质上的经验基础,为远足活动做好充分准备。活动中,教师力求关注细节,关注周围事物的即时教育,鼓励幼儿学会坚持。活动结束后,教师开展谈话活动,为幼儿创造一个想说、愿意说的氛围,让幼儿能够回忆、整理自己的思绪,鼓励幼儿将自己的发现和感受表达出来。在活动过程中,及时用照片和视频的形式将幼儿的反应记录下来,返园后引导幼儿观看讨论,更好地激发了幼儿下次远足活动的兴趣。

我们希望幼儿能够具有雅的言辞与善的品行。摄影作为一种特殊的表达形式,是幼儿情感表达的重要渠道。在本主题活动中,我们借助摄影这一方式,鼓励幼儿观察世界、记录世界,表达自己的情感。有了"我和南开拍张照"的前期铺垫,我们又开展了"我为南开拍张照"幼儿摄影活动,大中路旁认真看书的大姐姐、足球场上奔跑的大哥哥、食堂里努力工作的叔叔阿姨,都是南开园里温馨明媚的瞬间。在拍摄过程中,幼儿发现、欣赏、记录着南开大学的美好事物,多感官、多通道的参与能够调动幼儿的参与热情,让幼儿有机会自主地去认识世界,自由地表达自己的所想所思。幼儿用不同形式展现南开的过程,是其开放式学习的过程,对提高幼儿对周围事物观察的兴趣,发展幼儿动手能力、与同伴交往的能力及语言表达能力,有着极其重要的作用。

我们希望幼儿能够具有活的头脑。创作的过程是幼儿对生活世界再体验的过程,无形中给幼儿提供了说话练习的实践机会,同时为教师掌握幼儿语言发展水平提供了可观察的平台。作品是直观的、五颜六色的,刺激着幼儿的视觉感官。幼儿通过观察、思考,找出静止的画面展现出来的时间、地点和人物之间的关系,然后把材料组织起来,用他们自己的语言把作品中的事情系统且符合情理地讲述出来,它是发展幼儿语言,促进幼儿思维的好途径。

我们希望幼儿能够具有美的艺趣。美是到处都有的,对于我们的眼睛,缺少的不是美,而是发现。培养幼儿喜欢自然界与生活中的美好事物,丰富幼儿的审美体验,要求我们和幼儿一起感受、发现和欣赏自然环境与人文景观中美的事物。幼儿在感受和欣赏美丽的南开大学之后,我们鼓励幼儿用不同的形式(绘画、手工、摄影、建构等)大胆地表达自己的情感。在这个过程中,我们尊重每位幼儿的创造和视角,肯定和接纳他们独特的审美感受和表现方式,并且鼓励他们与同伴分享创作的快乐。幼儿在创作的过程中自主地构建学习知识,同时畅所欲言地表达自己的独特感受。每一份作品都是幼儿在自己的需求下掌握的、用于理解世界和表达情感的语言,它既可以代替语言进行交流,也是表现和沟通感情的辅助途径。

　　幼儿的学习就是通过自己特有的方式与周围环境互动的过程,是主动探索周围的社会环境、自然环境和物质世界的过程。在"童眼看南开"活动中,多感官、多通道的互动能够调动幼儿的参与热情,幼儿有机会自主地去认识世界,自由地表达自己的所思所想,在参与的过程中激发了幼儿主动探究的欲望,充分发挥了幼儿的主体性。同时,我们充分利用校园资源,引导幼儿实际感受南开文化的丰富和优秀,让幼儿体验到身为小小南开人的自豪感和荣誉感,激发幼儿热爱南开的情感。

第三节　生活游戏活动的开展

在新一轮的课程改革背景下，"幼儿园以游戏为基本活动"，游戏是幼儿的天性，游戏是幼儿最好的学习方式。幼儿园应以游戏为基本活动，将游戏精神渗透在日常教育活动，促进课程游戏化。生活是促进幼儿发展的重要途径之一，《3-6 岁儿童学习与发展指南》指出："幼儿的学习是以直接经验为基础，在游戏和日常生活中进行的。"幼儿园生活化课程中的课程目标、内容和实施均源于生活，促进幼儿在回归生活、亲近生活、融入生活的过程中积累知识、习得技能、发展情感。

在此基础上，生活对游戏具有重要意义。胡伊青加将游戏纳入生活的范畴、提升至人的本体论高度，是有其深刻内涵的。正是游戏精神散发的迷人魅力，使游戏成为幼儿生活一个最根本的范畴。生活以游戏的方式存在是幼儿的需求，这不仅表现在纯粹的游戏活动占幼儿一日生活的比例高于其他年龄阶段的儿童，还表现在儿童时刻以游戏的方式完成成人所认为的非游戏活动，将游戏的因素渗透进生活的方方面面，使儿童的生活具有自由创造与尽情体验的特征，儿童生活应以游戏的方式度过。

为此，园所试图探究幼儿园日常生活游戏如何开展，如何充分利用幼儿日常生活，将生活中的事件、有趣的活动更好地与课程融合、游戏化。

一、生活游戏活动的理论基础

生活游戏活动的开展主要是基于陶行知的生活教育思想，包括：生活即教育、社会即学校、教学做合一。这三大教育原理构成了陶行知生活教育概念的内涵和外延，是生活教育理论的"三大基石"。

（一）生活即教育

陶行知认为"教育的根本意义是生活之变化,生活无时不变,即生活无时不含有教育的意义"。生活即教育是指生活含有对人的教育作用,教育促进生活之变化,教育随生活的变化而发展。生活即教育包含着三层基本含义:一是生活决定教育,是教育的中心,教育来源于生活。陶行知认为,"过什么生活,便是受什么教育",生活的性质和内容决定了教育的性质和内容。二是教育对生活具有反作用,即能改造生活。教育既源于生活,便会对生活产生反作用。陶行知认为,教育应当是为生活服务的,应该以促进生活向前向上的发展为动力,为生活的需要而办教育。三是生活和教育共始终。要真正实现生活即教育,最重要的就在于使人们养成持续不断地学习的习惯。正是基于生活即教育的教育思想,陶行知后来提出了终身教育的观念。

（二）社会即学校

这是生活教育的范围在空间上的扩展,是生活教育的组织形式。它至少包括以下几重含义:一是生活教育的范围不局限于学校生活,而是整个社会生活。它是借助学校教育这个形式,与家庭教育、社会教育结合起来的整体教育,是"活"的教育。二是社会即学校,使"读书"的教育变成"行动"的教育,因为社会即学校是在生活即教育和教学做合一的理论导引下产生的。三是社会即学校可使教育对象的范围扩大,从"小众"的教育变成"大众"的教育。

（三）教学做合一

即"教的方法是根据学的方法,学的方法是根据做的方法;事怎样做便怎样学,怎样学便怎样教"。

总之,陶行知的"生活教育"思想充分体现了生活与教育相结合的思想,生活作为教育的重要资源,能够促进幼儿的生长发育,培养幼儿的生活自理能力、良好的生活和卫生习惯,养成幼儿良好的心理素质,促进其身心健康发展。在这一理论的指导下,生活与教育相结合,同时让儿童在游戏的过程中主动建构知识、发展能力。正如教学游戏化的提出,从儿童身心发展的需要出发,符合儿童认知发展的特点。由于幼儿处于具体形象思维阶段,很难摆脱对具体材料的感官依赖,"接受学习"并不适合幼儿这一特定的年龄阶段,让幼儿在游戏中"发现学习"才是最佳的学习方式。

二、生活游戏活动的开展

生活游戏活动的开展,需要营造宽松的活动氛围,充分发挥幼儿的主动性精神,落实游戏精神,在生活中贯彻"真"游戏,帮助幼儿在轻松愉快的氛围中,始终保持高涨的学习兴趣。

(一)立足幼儿生活,落实游戏精神

开展生活游戏活动要贯彻陶行知的"生活教育"理论,帮助幼儿在日常生活中积累知识、习得技能、发展情感,并在此基础上融合游戏,在生活—游戏—教育中相互转化,相互促进。例如,活动"穿衣圆舞曲"的目标设置为:在音乐游戏过程中,了解穿套头衫的基本方法。在具体实施中将音乐游戏与学习穿衣服相结合,帮助幼儿在体验音乐游戏中习得穿衣服的技能。在活动开展的过程中,尽可能淡化教育目的,强化游戏的手段,轻结果、重过程,帮助幼儿在生活活动中产生游戏体验。为此,建议教师将游戏整合到一日生活中,让幼儿在充分的游戏中反映生活。值得注意的是,幼儿的生活环境是无穷的资源库,如我园作为高校附属幼儿园,幼儿生活在资源丰厚的大学校园里,幼儿日常接触的环境设施(如中心花园、专家楼)、人文设施(如雕像、校钟、办公大楼)和名人名师等,都可以作为一种

生活延伸,融合教育,落实游戏,让幼儿在生活中全面且富有个性地发展,
如图5-2。

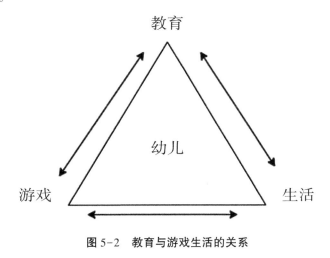

图 5-2　教育与游戏生活的关系

（二）立足儿童视角,贴合幼儿年龄特征

教师在开展生活活动的过程中应该立足于儿童视角,避免高控,在过程中体现幼儿的主体地位,发挥幼儿的主动精神。这就需要教师关注幼儿的兴趣和需要、发展特点,以及日常生活经验,让幼儿在整个活动过程中能获得游戏性体验,体现出幼儿的游戏精神。活动"穿衣圆舞曲"紧紧抓住幼儿的兴趣点,创设参加舞会的游戏情境,符合小班幼儿好奇心强、爱模仿的年龄特点,而后出示图谱:找小花,钻大洞洞,找中间洞洞,大头钻中间的洞洞,亮晶晶胳膊进洞洞,白白胳膊进洞洞,整理一下,拍照"耶"！充分关注到幼儿的兴趣和年龄特点,充分立足于幼儿的视角,利用游戏的手段,使幼儿虽在教学中却产生愉悦的游戏体验。

（三）立足多元化方式,创设游戏化情境

首先,运用独特的排座方式创设游戏情境。在活动开始前,教师带领幼儿坐成圆圈,摆脱了日常的座位方式,充分调动幼儿参与的兴趣。

其次,运用动听的音乐创造游戏情境。在活动开始的环节,教师运用生动的语言导入:"我们一起参加一个舞会,你们准备好了吗?我们先欣赏一下我们的舞曲吧。"为幼儿播放圆舞曲音乐,将幼儿带入舞会的情境中。

再次,利用相关实物创设游戏情境。在整个活动中,教师运用图谱的展示,充分带领幼儿体验穿衣服的过程,使得本来枯燥的学习穿衣过程被代替为易于理解的各类简单明了的图画、符号形式等,不仅吸引幼儿的兴趣,更加有利于幼儿在此过程中学会穿衣服。

最后,利用动作创设游戏情境。在整个教育活动中,教师在语言讲述的同时,根据图谱做舞蹈动作、跟随音乐做动作等方法营造游戏氛围。

生活游戏活动的开展需要教师的巧妙设计,从幼儿的日常生活延伸到生活的环境,接触到的生活边界等,都可以作为教育活动开展的素材。在生活活动中立足于儿童视角,重视幼儿的主体精神,将生活—教育—游戏相融合,这样的教育源于生活,立足生活,凸显幼儿,贯穿游戏,使得活动变得轻松有趣,大大增强了幼儿的参与兴趣。

第四节　区域活动内容的开展

蒙台梭利首次提出了区域活动教育思想,她反对传统幼儿园教育中教师只注重集体教育活动,用一个"模子"塑造具有不同个性和发展潜力的幼儿的做法;她提出了将教育活动划分为不同活动区的教育思想,亲自设计和规划了幼儿园教室里各个区域的教具及相应的教育活动内容,以便幼儿能借助这些教具和操作活动自发地集中工作,从而实现教育目标。区域活动有一个重要的原则——将所有区域活动的内容都"物化"为符合幼儿特点的可操作的活动对象,让幼儿在操作"物化"了的教育内容的过程中,在各个区域的活动中,实现其个性的发展。

区域活动主要是指教师根据教育目标为幼儿提供一定的活动空间和活动材料,幼儿在丰富的环境中进行自主、自由的探索性活动和个性化学习。换言之,即教育者以幼儿感兴趣的活动材料和活动类型为依据,将活动室的空间划分为不同的区域,教师根据一定的教育目标在这些区域里提供丰富多彩的活动材料,让幼儿根据自己的兴趣和发展水平自主选择活动区域和活动内容,通过操作材料、与环境和同伴的充分互动,获得个性化的学习与发展。

公能根基课程中的区域活动是在广义的区域活动基础上,利用南开大学丰富的环境资源和人力资源,融入南开精髓,构建具有自身园本特色的区域活动。

区域活动的本质是一种个体化活动,它有其本身的特点:第一,需要为幼儿提供适合其身心发展需要的活动环境;第二,能够最大限度地尊重幼儿的个别差异,帮助幼儿获得个性化发展;第三,活动由幼儿自由选择、独立完成,教师仅是区域环境的布置者、操作材料的提供者和幼儿活动的支持者;第四,区域活动具有操作性。

区域活动要关注的不仅仅是知识本身的价值,更重要的是幼儿在获取知识和解决问题的过程中个性品质的发展。开展区域活动的主要意图是通过丰富的活动环境,给幼儿充分的自主权,让他们按自己的方式去探索、去学习、去发展。区域活动的目标就是让幼儿的个性获得充分的发展,各种需求得到一定的满足,在此基础上形成一种对未知事物积极的探索态度,并对自己的探究能力充满自信。

一、以幼儿兴趣、动机和能力为中心建构游戏内容体系

兴趣是幼儿行动的"原则",是幼儿自觉学习和发展的动机力量。兴趣使幼儿能主动地从事某种活动,从中获得经验和乐趣,从而在"切身体会"中获得发展。

幼儿具有与生俱来的表演天赋,在幼儿游戏和日常生活中,可以经常看到他们用小手划过桌子,假装在开火车;他们把玩具堆在一起,假装在装快递;他们拿着空杯子碰杯,假装在喝果汁……这是他们在表达已有经验并创造新经验,他们的假装是自发的、快乐的、自由的。幼儿具有戏剧天性,幼儿需要戏剧的滋养、戏剧教育的激发。更为重要的是,绘本剧表演能够让幼儿更好地认识外部世界、认识自我,同时也乐在其中。他们乐于装扮,幻想他人或他物的言语与情感,用身体向他人或他物一样地行动,感受周围世界的奇特和美妙。戏剧教育,恰恰能给予幼儿形像思维和抽象思维相结合的更大空间,让幼儿更加自由、畅快地在创作中学习。

园所的绘本剧系列活动是教师带领幼儿集体进行的,从戏剧表达、戏剧创作到戏剧表演的完整活动。根据中班上学期幼儿的年龄特点以及心理特点,师幼围绕着某一绘本或主题开展活动,让幼儿获得绘本表演经验的整合与提升。师幼共同建构的一系列戏剧活动,即从绘本中角色的体验

与表达出发,到绘本剧中冲突的创作和问题的解决,最终形成完整的绘本剧表演。在中班的绘本剧活动教育中,更多地倾向于以区域游戏的形式,提高幼儿在戏剧表演方面的能力。

二、依据幼儿生活的环境和生活经验选择游戏内容

由于幼儿的年龄特点,直接、具体、形象是其认知的主要特征。幼儿认知结构的建立,是在已有经验、表象的基础上不断发展的过程,是他们在日常生活活动中与外界相互作用的产物,经历着由小到大、由简单到复杂、由松散到系统、由无序到有序的过程,是知识系统化、结构化的过程。幼儿通过与周围事物的直接接触,从对事物的直接感受、操作和自身积极活动中获得经验的增长。

南开剧场的前身可以追溯到南开话剧社,而话剧在南开的历史最早可以追溯到 1909 年。南开大学校长张伯苓就是在这时,将西方话剧首次输入南开乃至京津等地。张伯苓校长将话剧视为"社会教育之利器",坚信话剧能够带来的精神提高,因此重视戏剧软、硬件设施建设,营造了浓厚的戏剧创作与发展环境。因此也有人说:"南开的话剧开启了中国话剧艺术的先河。"随后,伴随着南开新剧团的建立兴起,南开话剧逐步走向兴旺。从南开第一部话剧《用非所学》,到由周恩来总理当年亲自参演的《一元钱》;从由曹禺当年亲自改编并主演的话剧《财狂》,到反内战名剧《凯旋》;再到如今学生版的话剧《红旗谱》、大型原创话剧《杨石先》。百年走过,南开话剧始终是校园文化中最为靓丽的一道风景,也是公能素质教育的典范。作为南开话剧在幼儿教育中的传承,南小开剧场也成为南开大学幼儿园内最活跃、最受幼儿欢迎的场地,成为公能根基教育的一部分。

三、教师预设幼儿通过游戏能获得哪些经验增长

幼儿的潜能需要在有准备的环境中得到自我发展,区域游戏正是实现

幼儿自我发展自由的重要形式。幼儿需要通过实际操作获得经验增长,而这些知识对幼儿具有教育价值和发展价值,是幼儿形成能力的基础和继续认识的条件,为幼儿插上求知的、智慧的翅膀。那么,幼儿都需要习得什么样的经验?哪些经验对幼儿最具有发展价值呢?这是教师在创设区域环境时应事先考虑和解决的问题。当我们在考虑设置哪些区域时,势必要考虑最终要实现哪些教育目标,也就是帮助幼儿获得哪些发展。需要注意的是,由于区域并不完全等同于发展目标(有的区域的活动可能完成多种目标,如一个阅读活动不仅可能发展幼儿的语言能力,还能够培养幼儿的社会性或艺术表现力),因此在区域活动中,需要将几个区域整合起来作为一个整体来看待,注意不同区域间的渗透与融合。

具体到公能根基园本课程中的区域活动,我们要考虑什么样的游戏能促进幼儿实现"强的体魄,雅的言辞,善的品行,活的头脑,美的艺趣"五大领域目标发展。为此,我们把基本的社会交往技能引进幼儿园,依据幼儿熟悉的生活场景和经验选择游戏内容。正如开展的"西南村市场"综合区域活动,还原了南开大学西南村休闲街的场景,将最具特色的几家店铺"沪上阿姨""老陶包子""老王豆皮""恩福来火锅"引进区域游戏中。中班阶段引导幼儿一起讨论规则、分配角色,再到分区域、分场景体验物品交易,熟悉商品交易的大致流程和基本规则,锻炼幼儿的社会交往能力。升入大班后,我们的游戏规则更加复杂、领域更加深入,加入了"南小开银行",带入了五元和十元货币流通,开启货币游戏时代。在活动中,幼儿们的社会交往能力有了新的提升,A、B两组分"上班日""休息游览日",感受爸爸妈妈上班休息的日常,工作认真负责,游览并遵守社会礼仪和交通规则,体会长大的自豪自信。

四、根据幼儿在实际操作中获得的经验丰富或调整游戏内容

教师要在活动中认真记录对幼儿的观察结果,并保留对幼儿有意义的

作品。幼儿在区域活动游戏时,教师要仔细观察幼儿的游戏情况并进行记录,记录的内容可以涉及以下方面:幼儿在一段时间内选择的一系列操作活动(反映出该幼儿知识和能力的发展是否具有一定的系统性和连续性);幼儿是否能够产生长时间的专注,能否在不同游戏中运用并巩固一种或几种能力等。而后,教师在这些观察和记录的基础上,就能够对幼儿的发展水平进行一定的分析和评价。

具体来讲,教师可以通过各种方式引导和支持幼儿的区域活动,如让幼儿讲述一下正在做什么,给幼儿提供适当的建议;当幼儿找不到合适的材料时,帮助幼儿找到合适的活动材料;帮助幼儿将自己的活动与其他小伙伴的活动联系起来;帮助幼儿保存他们的作品;注意幼儿在操作活动时表现出来的兴趣,并据之提供相关的经验或组织一些参观活动等。此外,在区域活动中,教师还要及时做好幼儿的活动记录,以便为下次活动做准备。

以"西南村"主题区域活动延伸为例:

(1)成立"西南村拆迁大队"活动。①分类整理物品;②进行搬家任务的分组分配;③齐心协力大搬家!

(2)西南村休闲广场的营销策略分享。(双十一买赠活动、套餐活动)、进行各个店铺菜品定价单的设计,提出游戏升级的设计想法。整个游戏过程中,每一个"工作人员"均表现出了高度的安全意识、合作意识、责任意识。在"拆迁办负责人"的协助下,大家可以在搬家过程中注意自己和他人的安全,能照顾力气小的伙伴,做力所能及的搬迁工作。哥哥姐姐们勇敢力气大,秩序井然,边搬家边给自己加油,走在走廊上,让中班的弟弟妹妹好生羡慕,纷纷投来仰慕的目光,和自己班老师谈论哥哥姐姐的壮举,觉得好酷。哥哥姐姐们一笑而过,自豪感爆棚。搬家结束,喜悦无以言表,获得自己进行游戏室搬家而不再倚靠老师的成就感,通过辛苦劳动换来劳动报酬的满足(每人一枚小粘贴),让小哥哥小姐姐们在搬家当天午饭吃得特别香。

区域活动是实现幼儿基于个性发展基础上的全面发展。南开大学幼儿园根据自己的实际情况,结合南开大学的环境资源,把通过区域活动促进幼儿发展的理念深化和细化,从根本上落实素质教育和《幼儿园教育指导纲要(试行)》的精神。需要注意的是,区域活动并不是唯一的教学组织形式,教师在组织一日教学活动时还会用到主题活动、小组活动等其他活动形式,三者之间是有机结合和密切相关的。例如,主题活动的内容会渗透到区域环境和区域活动当中,小组活动与区域活动经常可以互相转换和互补等。这三者在每日教学活动当中都是重要的组成部分,缺一不可。

第五节　户外活动的开展

随着社会的不断发展,提高幼儿身体素质,增强幼儿体质,逐渐受到各位学者的关注及家长的理解与支持。有关学前教育的文件中也对户外活动进行了明确的规定与要求,如《幼儿园教育指导纲要(试行)》指出:"户外游戏活动是促进幼儿全面发展的重要手段,开展丰富多彩的户外游戏和体育活动,用幼儿感兴趣的方式发展基本动作,培养幼儿良好的意志品质,使他们在快乐的童年生活中获得有益于身心发展的经验。"同时,《幼儿园工作规程》中明确规定:"在正常情况下户外活动,时间每天不得少于 2 个小时,寄宿制幼儿园每天不得少于 3 小时,高寒、高温地区可酌情增减。"为此,户外活动不仅是幼儿园里重要的环节,也是提高幼儿身体素质的重要手段。通过户外活动,不仅可以增强幼儿体质,提高钻、爬、跑、跳等各方面能力,还能提高幼儿的安全意识、规则意识及人际交往能力等。张永红认为:"幼儿园户外活动具有内容丰富、形式灵活等特点,让幼儿与阳光、空气、沙土、水的充分接触,能够促进幼儿的身体、情绪、社会性、智力及语言的良好发展。"因此,作为幼儿教师,应充分认识到幼儿园户外活动的教育价值,挖掘资源,更高效地开展活动,让幼儿得到更全面和谐的发展。

户外活动从字面上可以将其理解为发生在户外的活动。张家蓉认为,"幼儿园户外活动应包括两方面的内容:即幼儿园内的室外活动和幼儿园外的活动,前者主要是指户外游戏和体育活动、园内观察、散步、自由活动等;后者主要指走出幼儿园,到自然界及社会中进行和参与的活动。因此,幼儿园户外活动是"园内户外活动"及"园外户外活动"两者相结合的统称。公能根基课程中所提到的户外活动即以幼儿园为空间界限,可以分为幼儿园内的户外活动和幼儿园外的户外活动,统称为幼儿户外活动。

一、户外活动有利于幼儿身体素质的提高

户外活动在幼儿园里是一项不可替代的基本活动,对幼儿有很强的吸引力,他们也乐于参与到活动中。在此过程中,他们的全身都在活动,如手脚配合向前奔跑,手膝着地向前爬,手脚着地向前爬,双脚并拢连续向前行进跳,以及慢走、快走、平衡、投掷等。在这些基本动作练习中,他们身体的各个部位都得到了锻炼,动作更加协调和灵敏,力量和耐力也得到了一定的提高,从而达到了增强体质的效果。

例如,南开大学幼儿园小班体能系列活动中,幼儿在玩"奔向牛年"的游戏时,需要在听到钟声响起后,快速转身向某一定点迅速奔跑,在此过程中,不仅能够练习幼儿的反应能力,还能提高其奔跑的速度;同时,手臂和腿部需要协调配合,不仅提高了身体的协调能力,其手臂和腿部肌肉也得到了锻炼。在绘本游戏"兔宝宝运动会"中,幼儿需要双脚并拢向前跳,主要练习跳跃能力以及其身体的协调性和灵活性;在此过程中,从起点到终点连续跳跃,也增强了幼儿的耐力和腿部力量。"马蹄湖边的小青蛙"要求幼儿模仿小青蛙的动作,深蹲向前起跳,在练习腿部力量的同时,腰部力量也得到了提高。

又如公能根基课程——"南开园里的远足"系列活动中,季节更迭,时令不同,室外的温度也在发生着变化。园所拥有得天独厚的地理环境,我们根据各个年龄段幼儿的特点,安排距离不同的远足活动,在提高力量和耐力的同时,也提高了幼儿对气候变化的适应能力。因此,开展有效的户外活动,不仅能够使幼儿的基本动作得到良好、协调的发展,还使幼儿的身体力量得到进一步提高,进而促进其身体生长发育,使其健康成长。

二、户外活动有助于幼儿心理情绪的稳定

幼儿园的操场上总是充满了幼儿追逐打闹的嬉笑声,他们恣意地放声

大笑,互相逗乐,释放着天性,快乐无比。他们在活动中精神是放松的,没有了室内空间的约束感,尽情地撒欢,在情绪稳定的状态下保持身心愉悦,快乐成长。如"我眼中的南开",教师带领小班幼儿走出活动室,进入操场,空间视野开阔,户外的景色、哥哥姐姐的游戏活动、大大的旋转滑梯都吸引着他们的注意力,进而使其精神放松,减少哭闹,缓解焦虑情绪;在体能系列活动"金鼠闹新春"中,幼儿每人分到一根小尾巴,自主游戏,尝试着不同的玩法,可以放在身后变身小老鼠捉尾巴,可以放在地上摆成梯子向前跳,也可以双腿夹住小尾巴向前跳,在此过程中不仅锻炼了各种能力,还收获了快乐;又如具有体能元素的绘本剧"小红帽",幼儿扮演小红帽、大灰狼、猎人等,变换不同的场景,进行走、跑、跳、投掷等技能;在此过程中,利用幼儿熟悉的绘本故事,将故事情境贯穿活动的始终,使全体幼儿参与到角色中,大家一起勇敢地战胜大灰狼,体验活动带来的乐趣,从而促进幼儿身心健康的发展。因此,户外活动的有效开展,不仅能够增强幼儿的体质,还有利于其情绪稳定,心情愉快,促使其心理健康快乐成长。

三、户外活动有益于幼儿认知能力的发展

户外活动是增强体质的主要方式,同时也是获得一定知识的有效途径。在户外活动中,根据幼儿的年龄特点,在设计活动时,需要以游戏化的方式进行。在情景化的活动过程中,他们开始认识身边的事物,了解它们之间的关系,进而提高兴趣,增强参与度,在锻炼身体的同时,其认知能力也逐渐得到提高。例如体能系列活动"小小红军新长征",在活动前,要初步了解什么是红军? 什么是长征? 并模仿红军的样子,开启一场不一样的长征之旅,在练习体能的同时,幼儿对解放军叔叔又有了新的认识。又如具有南开大学幼儿园特色的户外种植活动,幼儿通过自己动手种植植物,认识种子的颜色、大小;在种植过程中,亲自照顾和看护,为其浇水、除草,从而了解植物的生长过程,感受最终获得丰收的喜悦,同时也知道了食物

的来之不易。再如,在"南开寻宝"活动中,幼儿走出幼儿园,走进南开园,欣赏沿途风景,知道了每朵花的名字、颜色和外形特征,并懂得了季节的不同,沿途的景色有所不同,不仅锻炼了耐力和力量,也认识了身边的事物。因此,户外活动不仅可以促进幼儿身心健康成长,也能提高幼儿的认知能力。

四、户外活动有利于幼儿交往能力的提升

户外活动的形式多种多样,可以是老师组织的活动,也可以是幼儿自发的活动;可以是借助一定器械进行的活动,也可以是徒手活动。但在所有的活动中,不可或缺的关键因素就是幼儿。他们可以在活动中打破班级或年龄的界限,自由结合,寻找自己的玩伴进行活动。在此过程中,幼儿需要自己去跟其他幼儿沟通交流,如是否同意一起玩、玩什么、怎么玩等,在潜移默化中逐渐提高他们的语言表达能力及人际交往能力。此外,有些户外活动需要一定的规则来确保活动的正常进行,幼儿需要相互提醒并遵守规则,才能进行活动。如幼儿园新春体能系列活动"喜迎牛年"中,幼儿需要扮成小老鼠,手膝着地地爬过楼梯,双脚并拢连续向前跳过鼠年;变身小牛,骑上小车,滑下滑梯,接过牛姐姐手中的平安果,奔向牛年。在整个活动过程中,幼儿要遵守游戏规则,保持动作规范,最终完成任务。整个活动过程都可以潜移默化地培养幼儿的规则意识。户外活动在提高幼儿人际交往能力及规则意识的同时,还能提高胆量,并增强自信心。

户外活动包含着许多探究、创新和冒险的因素,有些幼儿比较胆小,不敢尝试,但他们通过观察其他幼儿的动作以及周围小朋友们的鼓励,能够克服心理障碍,产生尝试的欲望,勇于接受挑战,进而提高自信心,变得更加勇敢。如"小小文明南开人",需要将自己制作的花束送给身边的南开人,有些幼儿因为胆怯不敢表达、不敢上前,但通过身边小朋友的鼓励及榜样示范,最终克服恐惧,勇敢地送出自己的小花,同时自信心也得到了提

高。因此,开展有效的户外活动,不仅能提高幼儿的人际交往能力和规则意识,还能提高幼儿的胆量,从而促进其社会性的发展。

　　户外活动对幼儿的各方面发展都有着重要的意义和价值。通过创设不同的活动情景,使幼儿的身体动作更加娴熟和灵活,同时给幼儿带来良好的情绪体验,进一步激发幼儿克服困难参与活动的兴趣,从而促进其身心健康和谐的发展。

第六章　护佑扶植枝叶繁

——公能根基课程的实施

第一节　以学定教:公能根基课程理念下的教与学

一、什么是教、什么是学——我们对教与学的阐释

幼儿园是幼儿学习、生活、成长的场所,这里是幼儿的乐园,有兴趣相投的伙伴,有性格迥异的朋友,有和善可亲的老师,有喜欢的乐器、游戏、运动⋯⋯幼儿天性爱玩,基于游戏的幼儿园教学与其他学段的教学有很大的不同,如何有效、有趣地教与学,成为大家共同研究的内容。

在"公能根基课程"实施过程中,园所遵循"幼儿在前,教师在后"的教育理念。通过区域活动、小组活动和集体活动,促进幼儿全面发展,在此过程中,我们重视幼儿的自主活动,重视幼儿与环境的相互作用,重视活动中的师幼互动。运用区域活动、小组活动和集体活动的教育形式,旨在促使教育过程成为教师不断了解幼儿、促进幼儿学习与发展的动态过程,成为幼儿主动和教育环境相互作用获得经验的一种课程形态。

（一）区域活动中的"教"与"学"

区域活动中的"教"与"学"，蕴含于环境创设和教师对幼儿的观察与指导之中。

一方面，在区域活动环境创设过程中需要合理地规划空间，包括动静态的合理布局，以及不同类型活动区的创设；此外，活动区的材料需要合理投放。材料的丰富性决定了幼儿经验获得的范围与可能。

另一方面，关于教师观察与指导中的"教"与"学"，聚焦于个体在区域活动中的流动，以及不同年龄段幼儿在区域活动中的流动，它决定了幼儿获得的实际经验。从幼儿和教师关系的角度来看，教育过程遵循"幼儿在前，教师在后"的教育原则：幼儿可以自己决定干什么和怎么干，教师依据幼儿在区域活动中的行为表现，进行观察、指导与评价。教师在观察与指导幼儿的过程中，尤其要注意幼儿的实际操作过程以及幼儿的主动探索过程，促使区域活动不断成为促进幼儿学习与发展的动态过程。

（二）小组活动中的"教"与"学"

小组活动的教育内容涵盖五大领域的方方面面，能够保证幼儿获得各个方面学习与发展的必要经验。从幼儿与教师关系的角度来看，小组活动仍然强调以幼儿的探索为主，教师尽可能地让幼儿在活动中表现出各自的发展水平，引导幼儿的学习与发展。

小组活动中的"教"与"学"蕴含于小组活动的内容来源、活动设计和教师指导之中。首先，关于小组活动的内容来源。小组活动的内容来源于课程目标、幼儿的兴趣与需要、幼儿的发展状况、知识领域和社会生活事件等五个方面。课程目标是决定小组活动内容的重要依据，但不是唯一依据。教师应当针对幼儿的发展状况，依据幼儿的兴趣与需要及时做出必要反馈。其次，关于小组活动的设计。活动的设计直接影响着幼儿的经验获得,是教师成功组织小组活动的重要前提,需要设计与内容相适应的活动形式。最后,关于小组活动的教师指导。教师的观察与指导应该注意:要为幼儿提供足够的空间和舒适、轻松的学习环境,切忌用同一标准要求所有幼儿,允许幼儿运用不同的方式进行各种尝试;教师的主要精力应该放在对幼儿的个别指导上面,通过观察、评价与指导,对幼儿的学习过程产生直接的影响,幼儿的已有经验和学习特点作为教师施加教育影响的客观依据。

(三)集体活动中的"教"与"学"

集体活动是全班幼儿共同参与的活动,包括专门的集体活动和日常生活活动,共同倾听、相互合作、协调行动对幼儿的学习过程产生直接的影响。

在集体活动中,教师是组织者、发起者和指导者,幼儿是参与者、合作者和行动者。日常生活活动亦是实现课程目标的重要组成部分,要使幼儿园一日生活成为促进幼儿学习的过程、培养幼儿自我服务能力和良好品德的过程以及增强自主与自律的过程。

二、在哪里教,在哪里学——现场与情境

公能根基课程的教学环境具有开放性的特点,即学习时空的开放。南开大学幼儿园地处南开大学校园内,坐拥南开大学人文和自然环境资源。南开大学丰富的资源有效拓展了幼儿学习和发展的空间。例如,南开大学丰富的环境资源包括各式建筑、文化雕塑、植物湖泊、功能设施、实验大楼;南开大学的人力资源包含学生社团、教师(幼儿园家长)、南开名人等。这些具有南开大学特色的资源,与幼儿园的活动结合,为开阔幼儿视野,拓展幼儿兴趣提供了重要支持。

南开大学周边社区环境特殊,学校内生活功能场景丰富,便于参观,兼

具实践便利性与安全性,对幼儿园社会与生活方面的教育内容支持作用重大。在中班主题游戏的创设中,老师从小小南开人每天的实际生活经验出发,尊重幼儿的提议与想法,选取"西南村休闲广场"的实景参考,进行领域融合主题游戏,发展幼儿的语言交往、社会协作、数字概念、生活技能、问题解决等方面的能力。在西南村的明星店铺"老陶包子""沪上阿姨""老干豆皮""恩福来火锅"准备过程中,幼儿实地调研观察店铺的装潢摆设,品尝各种美食,观察老板如何经营、顾客如何购买等等,然后在进入情境主题游戏时,进行有趣的经营和购买游戏,体验社区生活的快乐。

幼儿园的环境创设是开放的。幼儿走进幼儿园时,最先面对的是幼儿园的大环境。操场上的开放植物角、各个主题的小菜园、走廊内外的幼儿互动墙、班级门口的签到墙等,都将开放性的教育理念融合在内,并且加入了社区、家长、幼儿的创设思路和行动实施,使区角的创设更具价值。在创设幼儿园主题区域环境的过程中,得到了家长的支持、理解和帮助。家长们的工作环境各不相同,幼儿园充分利用这些资源,根据主题的目标和内容,请家长通过各种渠道帮助幼儿收集资料,为幼儿参与创设主题环境提供物质和经验保障。让家长参与区域环境的材料提供,不仅为主题活动的开展提供了物质条件,更增加了家长与幼儿在共同参与的过程中所获得的满足感。幼儿进入班级,与班级的主题墙、互动墙进行有效互动,这对班级如何进行主题墙创设提出了更高的要求。家长通过参与主题活动区域环境的布置,还可以进一步了解幼儿园主题活动的教育内容,更好地开展主题活动。社区作为幼儿生活的主要环境,与幼儿的成长息息相关,它以一定的物质或精神的形态完整地呈现在幼儿面前,时时刻刻都以一定的方式作用于幼儿。我们将社区资源作为幼儿园课程资源的一个组成部分,以大自然、大社会作为活教材支持幼儿的学习,引导幼儿开展主题探究活动。

在班级与走廊大环境中,教师适当留白,交给幼儿创设环境的权利。幼儿开动脑筋、展开想象,进行主动创造,充分体现"以幼儿为主体"的教育理念。这一点不仅体现在主题墙、互动墙的创作留白,还体现在区域游戏中为幼儿主动创造留白。教师在进行区域活动创设时,从幼儿视角出发,鼓励幼儿参与主题活动的区域环境创设。教师放手让幼儿大胆地参加区域活动设置,通过观察、倾听和询问幼儿的兴趣和关注点,不断融入有价值的内容,引发幼儿积极主动而有效的学习。在区域活动中,幼儿同伴之间共同学习、共同操作、共同探索,积累经验,不断得到发展和提高。此外,教师在区域活动中,为幼儿创设利于他们操作和展示的环境。当幼儿把自制的游戏材料摆放在区域环境中时,他们体验到的是成功、喜悦和创作的快乐,同时也进一步激发了幼儿创作的兴趣。

公能根基课程中的主题活动环境创设,是把墙面环境的创设与实施的主题活动课程有机地结合起来,从而使主题墙动起来、活起来,真正地实现主题墙饰与幼儿之间的良性互动。有人说:"当你走进一所幼儿园,不用介绍,也无须交谈,只留意整个环境,你就能'阅读'其中蕴含着的教育信息和课程的价值取向。"幼儿是独立的、发展着的个体,他们是活动的主人,更是幼儿园环境的主人,是他们赋予了主题环境以生命。著名的瑞吉欧教育模式也提出了"墙壁会说话"的观点。每个班的主题墙都不同,既结合本班幼儿的特点,且与主题紧紧结合。

幼儿园区角格局是开放的。是封闭区域和开放区域、独立区域和组合区域的结合,格局设置要自然流畅、丰富生动。如图书区和益智区通常呈封闭状态,让幼儿有相对安静和独立思考的空间;运动区、表演区的设置则相对开放,并远离安静的区域,让幼儿拥有集体活动与个别交流的空间。同时,同类或相似且容易组合的区域通常被安排于相邻的位置,以便材料资源和游戏成果的沟通与共享,如美工区和建筑区可安排在一起,幼儿在游戏过程中会自然而然地将美工区制造的房子、车子等作品放置到建筑区的主题搭建游戏中。教师应围绕主题活动目标创设区域环境,依据当前幼儿的兴趣和需要、幼儿生活中的矛盾和冲突、幼儿身边的人或事、社会热点

话题等进行选材,生成课程的内容,创设环境。区域环境创设的目标应该
与幼儿园主题活动的教育目标相一致,并为实现教育目标服务。

为了有效推动游戏的发展和区域间的整合,首先,教师可以有意识地
调整或取消区域间的隔断,鼓励幼儿在区域之间的流动,这一做法不仅可
以深化游戏内容,更促进了幼儿间的交流和沟通。其次,改变以往活动区
桌子、椅子、柜子、围栏等单一而平面式的摆放格局,将桌面、地面、墙面、悬
挂等组合为全方位的立体空间,呈现高低有别、错落有致的游戏场景。再
次,活动区域始终呈开放的状态,并提供区角的操作材料,内设操作区、材
料存放区、作品展示区,既满足幼儿对活动空间和操作材料的需要,同时还
可通过作品展示,鼓励幼儿参与活动的积极性和完成作品的责任意识。

三、如何教、如何学——探究与合作学习

一走进幼儿园,就会被各种各样的活动所吸引。季节活动、系统活动、
项目活动、种植活动、表演活动、亲子活动等,各式各样的活动开展得如火
如荼。由于幼儿园教育对象的特殊性,幼儿园的教学方式、教学内容都有
自己的特点,跟传统意义上的教与学不一样。公能根基课程的教与学是什
么样的呢? 对于幼儿来说,教师是支持者和陪伴者;对于教师来说,幼儿是
独立的个体,能够进行自主的探索和思考。形成假设和做出猜想是"发现
学习"和"探究学习"的重要途径。幼儿对事物发展变化结果做出多种假
设和猜想,并通过自己的操作和实验来验证自己的猜想,或在多个假设中
寻找正确的答案。

以大班小水渠活动为例:

教师创设可选择的多元环境,让幼儿自主思考和探索。入春,幼儿园
的种植区开始热闹起来,幼儿迎来了自己的小菜园。这里就是他们学习探
究的场所。小小南开人变身蔬菜种植小达人,在种植指导员的讲解下,挖
垄、撒菜籽、浇水、埋土,一气呵成。在大家的努力之下,幼儿园里的小菜园

里很快便挤满了蔬菜宝宝:油菜、辣椒、黄瓜、西红柿、豆角,小小菜园好不热闹。

教师指导策略:

(一)鼓励多感官的探索行为,让幼儿自主探究

遇到问题,教师和幼儿一起探索。种植园遇到了"浇水不均衡"的问题。地势高低不平,而且太大了,有的苗能浇到,有的苗浇不到。浇水不均导致苗苗长势大小不一,这可难坏了娃娃们。怎么浇水才能保证蔬菜苗苗顺利长大呢?如何浇水方便?浇水小分队把这个消息带给了其他幼儿,于是一场关于"解决浇水难"的讨论在班里传开。

(二)营造体验式的合作氛围,让幼儿自主交往

大家一起来到小菜园,分析菜园的地势问题。幼儿经过一轮分析,决定改造高低不平的地面,最终一致决定从最高的那块儿地开始挖。

(三)保留可发挥的创作空间,让幼儿自主表达

教师留下不经意的线索,默默支持他们的探索。《一渠水里的智慧》绘本故事里专门描述了水利灌溉技术,教师把这本书投放到了图书区,果然,幼儿很快就发现了这本书,里面的图片引起了他们的注意。大家在图书区一起研究起来,很快就想到了新办法。设计施工图纸,进行第二次改造。图纸很快就设计好了,大家对改造工作乐此不疲。令教师感到意外的是,幼儿对改造菜园这份工作竟然如此执着,仅用了一周时间,一道又细又长的水渠就挖好了。

教师在幼儿做游戏时,需要用更多的时间去思考,无声地支持幼儿游戏。综合整个案例来看,支持策略有多种,如新材料的投入、帮助幼儿聚焦问题、创设自主探索的环境等。教师应当基于观察,及时发现幼儿游戏时

遇到的瓶颈,选择适宜的方式为幼儿搭建鹰架,帮助幼儿跨越"坎儿",给幼儿继续探索的勇气。教师可以成为幼儿游戏时的玩伴,和幼儿一起享受游戏的过程且共同成长。

第二节 有教无类:公能根基课程的活动实施

一、公能根基课程的活动实施路径

在公能根基课程实施的过程中,其内容包括:课程实施中的途径、课程实施的预设与生成、课程实施的领域均衡性、课程实施的时长、课程实施的记录和分析等问题。

公能根基课程中包含有以下几种典型的学习活动:季节活动、系统活动、项目活动、种植活动、表演活动、亲子活动等。在课程逐步完善和实施的过程中,活动不断低结构化、开放化。在课程游戏化的背景下,课程的实施更鼓励幼儿主动去探索、主动去发现、主动去创造。

在课程实施的过程中预设与生成的问题,也就是通常我们所说的,处理计划和变化关系的问题。预设是课程实施的一种准备,张雪门早在20世纪30年代就明确指出:"教师对于儿童在幼稚园的时候,行为上的方法和材料已知有所准备,更不能不知道应如何准备,若仅凭环境使他们自由动作,必致各个人乱来一气,往往有冲动而少结果。而且儿童的行为,因倾向不同,绝难一致,教师更有顾此失彼之苦,所以我们对于课程不能不有准备。"对于课程实施做好预设工作,即在课程实施之前要做好充分的准备,是课程实施质量的重要保证。但在实际课程的实施过程中,要关注游戏现场幼儿的实际情况。课程实施本质上是课程的"再设计"过程,是教师富有创造性的劳动。教师要对源自幼儿的兴趣点或关注点作出相应课程价值层面的研判,随后生成有利于带给幼儿有益的新经验、促进幼儿身心健康发展的课程。同时,教师还要关注什么时机生成以及通过哪种途径生成,以此回应幼儿的关注。

公能根基课程的整合是多层面的、多维度的,有隐性的和显性的整合,有目标的整合、课程内容的整合、课程资源的整合。园所将强的体魄、雅的言辞、善的品行、活的头脑、美的艺趣加以统整,使之成为一个有机整体,最大限度地促进幼儿德智体美劳全面发展。

按照公能根基课程理念的指引,每一类活动实施的时长,原则上以幼儿的兴趣与关注所持续的时间为依据。在活动实施过程中,教师会关注一个活动带给幼儿的是否是主动学习,是否是深度学习,是否是一场难忘的探索之旅。大班"建筑狂想曲"活动持续一年,师幼意犹未尽,真正等到活动结束时,是收获满满的快乐,是依依不舍的想念。

我们提倡课程实施中的过程性记录,要在课程更新时有据可依。记录的内容包括幼儿的学习与发展,幼儿的兴趣与经验内容,以及教师的活动指导与专业成长。在后续章节中,我们将通过图文并茂的记录方式,带领读者回到幼儿活动的现场,读之犹如身临其境。

二、公能根基课程季节活动

季节活动顾名思义,即围绕四季轮回的自然变化而展开,以注重持续性的自然体验为主,围绕"主动、开放、多元"的课程理念,关注幼儿本身的兴趣与感官体验,不断拓展活动的深度与广度。在具体的实施中,我们每季既有对以往活动的继承,也会追随幼儿的兴趣做出新的选择,带领新的探索,如图6-1。

公能根基课程季节活动示例

"南开园的秋"

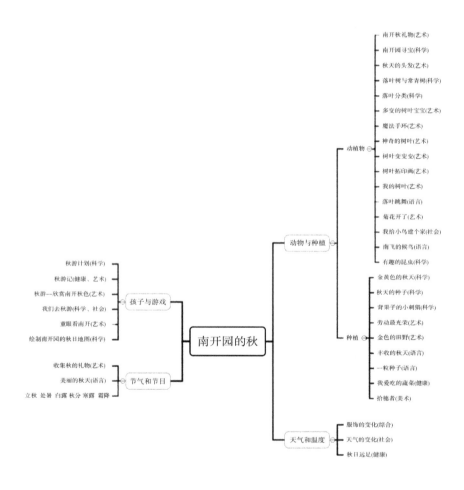

图6-1 "南开园的秋"主题网络图

一、主题说明

"空山新雨后,天气晚来秋。"象征着成熟,意味着丰收的秋天到了。在这收获的季节里,人们不仅可以欣赏到"落霞与孤鹜齐飞,秋水共长天一色""停车坐爱枫林晚,霜叶红于二月花"的美丽秋景,还可以感悟到"春种一粒粟,秋收万颗子""稻花香里说丰年,听取蛙声一片"中丰收的喜悦。

秋天,正是收获的好时节。稻田里一片片黄澄澄的稻谷,随着秋风泛起金波,等着幼儿去发现。秋天,正是远足的好时节。风轻轻地、温和地吹着。看呐,南开园的秋天别有一番滋味。秋天,树叶离开了母亲,独自去旅行,等着幼儿带它体验那五彩缤纷的人生。

在这个丰收的日子里,幼儿也在生长着。他们的衣服在变小,身体在拔高,他们的想象力、好奇心、审美感受在不停地汲取养分生长……我们带领幼儿一起寻找秋天,享受秋的礼物,倾听来自秋天的交响曲,感受生命多种多样的形态。

该主题以秋天为主线,由秋天的天气和温度引入。幼儿生来就具有好奇心,他们能够很敏锐地觉察到周围事物的变化,以及该变化对自己产生的影响。因此,幼儿从天气的变化和服饰的变化中寻找秋天,感受秋天的气息,体味秋天的美好;在对秋天进行整体感知后,幼儿进入对秋天的动植物的认识和体验,寻找秋天给予我们的礼物,从而感受到神奇的、硕果累累的秋天;接着,幼儿在游戏中欣赏南开园的秋色,更加感悟到秋天的美丽;最后,幼儿会在更丰富的情感体验基础上,了解秋天的节气与节日,在多彩的活动中了解秋天的传统习俗,感受秋天的节日氛围。

二、活动目标及实施

表 6-1 "南开园的秋"系列活动

班级	活动	目标及实施
小班	秋游记	感受秋天校园的美,萌发热爱幼儿园的情感。
	多变的树叶宝宝	能够观察树叶,大胆想象,创作树叶画。
	金黄色的秋天	认识秋天成熟的农作物,了解常见农作物的特征。
	南开·秋·礼物	感受南开大学的秋景,初步认识幼儿园周围建筑。
	南开园寻宝	关注秋天树叶的变化,认识秋天常见树叶的名称及特征。
	秋日远足	能够完成 1000 米远足,锻炼意志品质。 初步了解秋天的季节特征,感受秋天的色彩。
	神奇的树叶	尝试自己动手把树叶贴画成小鸟。能够用语言跟树叶鸟进行简单对话。
	树叶拓印画	掌握用树叶拓印的方法。
中班	落叶分类	感知秋天树叶的变化,欣赏大自然的美。能按照一种属性特征将落叶进行分类。
	落叶树与常青树	观察落叶树与常青树,了解落叶树与常青树的主要形态特征。
	魔法手环	观察落叶的不同颜色和形状,并尝试进行拼贴组合。感受秋天的丰富性和落叶独特的美。
	秋天的种子	知道种子的作用,了解种子传播的几种方式和特点。
	树叶变变变	认识三角形、长方形、椭圆等常见形状。 能根据叶子形状进行添画。
	我的树叶	知道树叶叶脉的样子和作用。 能画出常见的线条,直线、曲线、波浪线、蜗牛线等。
	我们去秋游	感受欣赏秋天里大自然的美景,体验秋游的乐趣。

续表

班级	活动	目标及实施
大班	秋游计划	结合自己在南开校园的生活经验,制定秋游计划,共同安排秋游路线。 能够运用符号、标志等代表南开的标志性建筑,绘制南开小地图。
	欣赏南开秋色	能够根据南开小地图,按照秋游计划的路线游览校园。
	收集"秋的礼物"	能发现并欣赏各种植物的不同形态,感受南开校园的秋色美。
	童眼看南开——金秋时节幼儿园	热爱南开大学幼儿园,感受幼儿园秋天的自然和文化之美。 愿意亲自拍摄照片,体验拍照活动乐趣。
	童眼看南开——南开秋景穿身上	乐于运用多种工具、材料或不同的表现手法表达自己的感受和想象。 愿意拍摄秋景创意照片,分享交流自己的作品。
	我给小鸟建个家	通过听、看、想、说、做等不同的活动形式,为小鸟建家,萌发保护鸟类,保护环境的意识。
	寻找南开园的秋日地图	熟悉地图的表征方式,用做游戏的方式学习认知地图方位。感受秋天的南开园植物种类的丰富,对植物的地图游戏感兴趣,有继续探索的学习兴趣。

三、具体活动方案

小班活动:秋游记

活动目标

1. 初步感受校园景物和建筑的美,萌发热爱南开园的情感。

2. 能行走一公里左右。

3. 愿意与大家分享自己的发现与收获。

活动重难点

1. 活动重点:可以行走一公里左右。

2. 活动难点:感受南开园秋天的美,萌发热爱南开园的情感。

活动准备

幼儿园梧桐树图片,南开园图片若干。

活动过程

1. 激发幼儿认识幼儿园的兴趣。

小朋友们,你觉得我们幼儿园怎么样啊? 漂不漂亮?

2. 引导幼儿大胆表述对幼儿园的看法和经验。

3. 教师出示图片,介绍园所和金色的梧桐树,引出话题秋游。

师:"秋游是什么?"幼儿:"秋游是出去玩。""我妈妈说秋游就是秋天的时候出去玩。"

4. 组织幼儿走出幼儿园,并外出秋游。

①教师组织幼儿来到幼儿园正门前认识幼儿园的园牌,认园名。

②带领幼儿观赏南开园的梧桐树。

幼儿:"哇,一木林里有好多的落叶,我们开心得不得了。""我发现了一块大石头,大石头摸起来凉凉的,仔细看看里面有没有什么小秘密"。

③教师拿落叶当相框,给幼儿们拍好看的照片。幼儿:"我拿落叶当面具,猜猜我是谁?"幼儿拿起小桶,把喜欢的落叶带回幼儿园做游戏。

④幼儿可以行走一公里左右,浏览幼儿园的全貌,知道幼儿园很大、很美。师:"小朋友们,你们觉得我们的幼儿园怎么样啊?"(引导幼儿说出很大、很美)。教师引导幼儿找出幼儿园最漂亮的地点。

5. 组织幼儿在漂亮的地方合影留念。

活动延伸:在教室里进行落叶拼贴画,落叶面具,落叶大合影等游戏。

中班活动:落叶树与常青树

活动目标

1. 观察落叶树与常青树,了解落叶树与常青树的主要形态特征;

2. 发现落叶树与常青树的区别,将落叶树与常青树进行分类;

3. 愿意在集体面前大胆表述,萌发探究自然现象的乐趣。

活动准备

1. 经验准备:幼儿实地观察过南开园的树木,了解树木的不同形态。

2. 物质准备:南开园里落叶树与常青树的照片,幼儿采集的各种树叶。

活动重难点

1. 活动重点:认识落叶树与常青树的形态,了解两者的不同。

2. 活动难点:能将落叶树与常青树进行分类。

活动过程

1. 欣赏南开园里树木的图片,引发幼儿探索落叶树与常青树的兴趣。

教师出示南开园里的树木图片。

提问:我们在校园里欣赏了很多的树木,你们回忆一下这些树木有什么不同? 树叶是什么样的?

(引导幼儿说出有的树在落叶,树叶已变黄;而有的树有满树的绿叶。)

2. 观察树叶,认识落叶树与常青树。再次观察两种树叶,比较两种树叶的区别。

(1)教师为每名幼儿分发落叶树与常青树的树叶,引导幼儿观察两种树叶,寻找两种树叶的不同。

提问:请大家比一比、摸一摸、看一看,两片树叶有什么不同?

(2)幼儿集体讨论,鼓励幼儿大胆表达自己的想法。

教师引导幼儿从树叶的颜色、形状、表面、大小、硬度、厚薄等方面比较两者的不同。

（3）进一步提问幼儿：哪种特征的树叶到了秋天会落下来呢？哪种树木的树叶一年四季都是绿色呢？

3.概括落叶树与常青树的概念与区别。

教师总结：到了秋天会落叶、冬天光秃秃的树叫落叶树，而一年四季常绿的树叫常青树。但是常青树并不是不落叶，常青树的叶子也会凋落，一次落下几片，新的叶子也在不断长出来，所以树上总有绿叶。

4.落叶分类。

教师为幼儿分发树叶，引导幼儿将不同的树叶分别放入对应的筐中，对其进行分类，加深对落叶树与常青树的了解。

拓展思考

播放视频，简单介绍落叶树与常青树的科学原理。

（落叶树：叶片大，有气孔，水分从气孔排出；常青树的表面有一层亮亮的东西，是蜡质，它能保护树叶中的水分不蒸发。）

活动延伸

在入园、离园时继续观察落叶树与常青树，请家长与幼儿一起搜集常见的落叶树与常青树的种类。（常青树：冬青、松树、柏树。落叶树：银杏、枫树、柿树、梧桐树。）

在区域活动中，幼儿可绘画自己见过的落叶树或常青树，教师引导幼儿注意树叶的特征与颜色。

大班活动:自制秋游计划

活动目标

1. 结合自己在南开校园的生活经验,制定秋游计划,共同安排秋游路线;

2. 能够运用符号、标志等代表南开的标志性建筑,绘制南开小地图;

3. 体验作为小小南开人的自豪感。

活动准备

1. 经验准备:幼儿有在南开校园里活动玩耍的经验,了解南开的标志性建筑和位置。

2. 物质准备:图画纸,黑色记号笔,彩笔。

活动重难点

1. 活动重点:能够运用符号、标志等代表南开的建筑,共同协商、讨论绘制南开小地图。

2. 活动难点:愿意制订秋游计划,尝试安排秋游的路线。

活动过程

1. 谈话导入,激发幼儿秋游和制定计划的愿望。

——观看南开大学校园内的美景照片,提问:看了这美丽的秋天,你们是怎样的心情? 想做什么?

——幼儿提出想去秋游,去感受秋天的美丽景色。启发幼儿秋游要做许多的准备,需要制订一份具体的秋游计划。

2. 引导幼儿讨论秋游计划的内容。

——秋游计划就是我们秋游需要做哪些准备。(讨论去什么地方秋游? 什么时间去? 去了我们要做哪些事情?)

——引导幼儿思考想去南开大学校园内的哪些地方秋游。

3. 幼儿共同绘制南开小地图,制定秋游计划。

——引导幼儿共同探讨秋游路线,沿途经过的景物等,设计用图形、符号等形式,把秋游经过的建筑和景色画在纸上。

——幼儿为秋游路线图涂上喜欢的颜色。

——请幼儿按照秋游路线图复述秋游的路线,再完善、补充。

（活动整理:李佳琪）

三、公能根基课程系统活动

公能根基课程将不同年龄阶段幼儿的学习看作一个系统,不同阶段有不同的目标和学习重点,以幼儿“爱的品格”培养为例,从小爱到大爱,逐步系统化。张伯苓校长提出教育在于造就完全的人格,包括德、智、体、群等方面。在德育内容中,张伯苓最为重视对学生进行爱国主义教育,把“爱国”作为学校育人工作的第一要义,其教育理想的最终目标是培养学生们爱国爱群之公德与服务社会之能力,以振兴中华。承张伯苓先生之志,我们力求将爱群、爱国的种子种在幼儿的心底。

小小南开人的“爱的品格”,从幼儿走进幼儿园的第一天就悄然发生。小班的时候,幼儿学会了爱自己、爱家人、爱幼儿园;中班的时候,幼儿学会爱同伴,爱南开;大班的时候,幼儿产生了爱家乡、爱祖国的情怀。小小南开人在南开园中感受着爱,也学会了爱。

表6-2　公能根基"系统活动"

	目标	主题活动列举
小班	喜欢上幼儿园	社会活动:上幼儿园;大手拉小手; 语言活动:幼儿园的一天;食堂阿姨你们好; 艺术活动:我爱我的幼儿园; 综合活动:幼儿园寻宝。
	爱自己,爱家人	健康活动:能干的小手和小脚;你的身体,我的身体;我爱我的小巧手; 艺术活动:我爱我的家; 社会活动:唱歌给爸爸妈妈听; 综合活动:南开花事。
中班	爱自己,爱同伴和周围的人	社会活动:幼儿园里的好朋友;你在我心里;好朋友请回答; 健康活动:我爱劳动;安全小卫士;我信任你; 语言活动:各种各样的本领;我能为自己做;我能为别人做; 综合活动:小小值日生;老师我爱您。
	爱南开,爱周围的环境,萌发热爱祖国的情感	社会活动:南开园里升国旗;我是小小升旗手; 健康活动:南开园的秋; 科学活动:南开园大调查;南开叶子多; 语言活动:南开园我最喜欢的地方; 综合活动:讲南开故事,寻南开足迹。
大班	爱同伴、爱周围环境	语言活动:我的新朋友; 社会活动:新朋友地图;大手拉小手; 综合活动:规则试行期; 健康活动:明亮的小眼睛; 艺术活动:我为南开拍张照;南开美景穿身上。
	爱家乡,爱祖国	社会活动:中国在哪里;有一个地方叫故乡;祖国大家庭; 艺术活动:京剧脸谱;美丽的青花瓷;为国争光的人; 综合活动:各种各样的桥;玩转天津。

"清明祭扫总理像"

"清明时节雨纷纷,路上行人欲断魂。"清明不仅是二十四节气之一,也是中华民族传统的缅怀先人、祭奠先烈的节日。每年临近清明,我们都会开展"祭扫总理像"活动,通过各种途径带领幼儿了解清明节的传统习俗,组织全体师生前往总理像进行祭扫。

一、周总理是个大英雄

周恩来总理像是南开的标志,很多小朋友放学后都会在总理像前玩耍。"周恩来总理是个伟大的人,总理像很高,总理像前的草坪很软。"这是小朋友们对周总理和总理像的认知。周总理为什么那么了不起呢? 为什么他的雕像会矗立在南开大学呢? 基于上述问题,小朋友们化身为小记者,迫不及待地采访家长,获得了对周总理更直观的认识:周总理是我们中国的第一任总理;周爷爷人很亲切;周总理自己舍不得吃、舍不得穿,但时常心系人民的衣食住行;周总理是个大公无私的人;周总理是南开毕业的,是南开人的骄傲;我们要向周总理学习……

二、祭扫活动

在了解周总理的生平后,幼儿对周总理产生了浓浓的崇敬和爱戴之情。清明时去总理像前祭扫,我们要准备些什么呢? 首先,小朋友们准备了一首小诗《献给周总理的花环》,准备在周总理像前读给周爷爷。如图

6-2。其次,小朋友们听说祭扫的时候人们一般会准备鲜花,决定一起做一个花篮献给周爷爷。

图6-2　"清明祭扫总理像"活动

三、我们爱南开

祭扫中,幼儿们朗诵了诗歌,并将亲手制作的花篮献给周总理,以此表达对周总理的敬爱。活动结束后的一天,有个小朋友跑过来对老师说:"老师,我在马蹄湖的湖心岛上也看到了周总理的雕像,爸爸说下面写着'我是爱南开的',我觉得我也是爱南开的。"听到幼儿的话,教师的内心充满了感动。趁热打铁,教师联系了大学生社团,带领幼儿前往西南联大纪念碑、校钟以及张伯苓像等爱国主义教育基地,倾听南开大学的哥哥姐姐实地为幼儿讲述南开故事,增进幼儿对南开的了解,感受南开深厚的爱国主义情怀。在此基础上,我们在大班开展了"南开娃娃讲南开故事"系列活动。幼儿在活动中增强了自信,深深感受到了南开文化的魅力,激发对祖国的热爱之情,如图6-3。

图 6-3　爱国主义教育——听南开大学的学生讲述校史

伴随着每次校园远足,幼儿欣赏着南开大学里的一花一草一木,了解着一个个南开故事,成长为具有"爱的品格"的小小南开人。

四、教师的思考

清明节的祭扫活动如何才能真正深入幼儿的内心,需要教师提供什么样的支持呢? 首先,激发幼儿的好奇心。从幼儿已有经验出发,引发他们对身边事物的好奇,进一步引导幼儿自己寻找答案。幼儿初步了解周总理,从而对祭扫活动产生向往。其次,在幼儿表现出持续的兴趣时,教师要为幼儿寻求更专业的支持。祭扫活动结束后,教师通过和幼儿的聊天抓住时机,利用大学生资源带领幼儿继续深入了解南开的历史和故事。最后,根据幼儿兴趣,及时将活动做进一步延伸,在大班成立"南开娃娃讲南开故事"小小宣讲团,幼儿在活动中不断增强了对南开、对祖国的热爱之情。

1. 让幼儿在直接感受和体验中增强对环境的归属感

幼儿对环境的最初看法和感受,来自身边的人。教师作为幼儿身边亲近的人,也是专业的教育者,应为幼儿提供直接感受和体验的机会。《幼儿园工作规程》明确规定:"寓教育于各项活动之中。"利用各种节日对幼儿进行爱的教育是南开大学幼儿园的传统,在清明祭扫活动中,幼儿自主探究,动手操作,感受作为小小南开人的自豪。

2.利用家长、学校的资源,为幼儿提供相关支持

教师需要在恰当的时候,为幼儿进一步探索提供适当的支持。活动开始前,我们调查了幼儿对周总理的了解情况,掌握幼儿的前期经验,从而引发幼儿兴趣,促进进一步探索。潜移默化中,幼儿开始关注南开雕塑,教师适时抓住机会,联系家长资源,带领幼儿对南开进行更多的了解。

(案例提供:乌日嘎)

四、公能根基课程项目活动

在公能根基课程中,项目活动是一种有特色的活动实施形式,它充分体现了主动、开放、多元的课程理念。"项目活动,就是幼儿在教师的支持下,围绕生活中某个大家感兴趣的'话题'或'问题'进行深入研究,在合作研究的过程中发现知识、理解意义、建构认识的过程。"[①]项目活动为幼儿提供了具有多种操作可能和表现的空间,同时也提供了增进知识与锻炼技能的方法。在老师的鼓励和建议下,幼儿在项目活动中学习分工、合作、学习自我规划。在项目活动中,幼儿为自己的问题而探索,在探究中争论、在操作中思考,在过程中展示儿童的一百种语言、一百个念头、一百种思考方式和游戏方式。

---

① 张俊.幼儿园科学教育[M].人民教育出版社,2004:291.

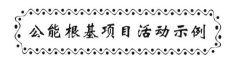

"建筑狂想曲"

　　故事是这样开始的:在大班近一学年的时光里,我们一起探秘天津老建筑和南开园里的建筑,我们一起在南开校园里远足写生建筑,体验不一样的建筑风格和建筑美感;爸爸妈妈经常带着小朋友实地调研拍照画图,了解讨论不同的建筑风格、用途、结构特点,因此幼儿的小脑瓜里积攒了很多关于设计和搭建建筑方面的小知识。区域活动建构区里形状固定的积木已不能满足他们的创造欲,于是教师考虑:不如来一场放飞想象的建筑设计游戏吧! 就让幼儿带我们去寻找那个未知的美好世界。于是,我们开始讨论建造一个坚固又漂亮的建筑需要具备的元素,调研建造建筑的步骤,获得透视设计图的立体感觉,尝试用画笔让平平的图形变得立体起来。

　　当一切准备就绪,在一个平凡的清晨,一场考验幼儿空间想象力、耐心、合作意识、创新能力、信息敏感力的大型建筑创造游戏开始了……

一、初探建筑奥秘

(一)分享和讨论天津的特色建筑

　　活动始于初识天津老建筑,探秘古老津门文化。教师组织幼儿分享和讨论天津的特色建筑、建筑故事、天津的桥、天津美食及天津的文化。周末的时候,幼儿在家长的帮助下对建筑的历史与建筑特色(结构、造型、色彩等)进行调研,亲子合作完成简单的调研小报告,如图6-4。

图 6-4　亲子活动——天津特色建筑调研报告

调研报告完成后,我们立刻进行了"我眼中的解放桥"室内模拟写生活动,丰富幼儿对天津老建筑的认知经验,在生活里拓展学习的兴趣和主动性,根据幼儿的关注点后续生成探索活动——什么是建筑风格?同时开展老建筑的建筑风格赏析(中式园林风格、哥特式风格、罗马风格、德式风格、拜占庭式风格)。

（二）探秘南开园里的建筑

在初探天津老建筑之后,教师和幼儿一起探秘了南开园里的建筑。从调研南开大学校园里的各个建筑入手,统计建筑数量,分析建筑特点、建筑功能、建筑风格、建筑故事。然后,教师指导幼儿进行南开园里建筑的照片拍摄,并引导幼儿根据记忆中的建筑绘制地图,幼儿根据建筑的结构特点用自己独特的符号绘制建筑图纸。根据幼儿自己绘制的图纸进行南开园建筑复刻,呈现了我们的研究成果,如图 6-5。

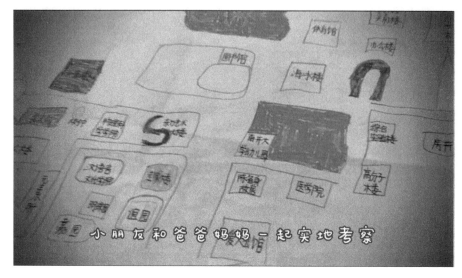

图6-5 幼儿绘制的南开大学建筑地图

（三）"春日里的图书馆"远足建筑写生

在复刻的南开园建筑中,许多幼儿对学校的图书馆感兴趣。迎着春日暖阳,我们进行了"春日里的图书馆"远足建筑写生活动。在写生之前,幼儿进行了实地考察,绘制南开校园地图,确认目的地位置。来到图书馆前,幼儿听老师分享文中馆和逸夫图书馆的故事,分析建筑的特点,观察写生的角度,自由落笔。在远足活动结束后,幼儿回到教室分享自己的写生作品,讨论自己观察到的图书馆的样子。

（四）教师的思考

初探建筑的奥秘持续了将近两个月的时间。从开始的建筑小知识到实地观察建筑、远足写生,幼儿对建筑的兴趣逐渐被点燃了。在探索中,幼儿有了很多亲身体验和发现。比如天津有哪些有名的建筑、建筑风格有哪些、南开园里有哪些建筑、这些建筑都有什么故事、有什么结构特点等问题,幼儿的注意力和兴趣一次又一次被吸引,他们迫不及待地想要揭秘下一个答案。这个时候,渴望自己设计并搭建建筑的小火花已经在幼儿的心中点燃了。

图 6-6　图书馆写生

二、小小建筑师上线

在近两个月的时间里,教师和幼儿一起探索了天津的特色建筑和南开园里的建筑,并进行了图书馆写生活动。幼儿的小脑袋里已经装满了许多关于建筑的小知识,许多幼儿问老师:"老师,什么时候可以让我们搭一搭建筑呀?"我想,是时候开始我们的下一个大工程啦!

(一)铺垫关于设计和搭建建筑方面的小知识

教师首先进行了建筑搭建打样,供幼儿参考,激发幼儿的设计灵感。接下来讨论建造一个坚固又漂亮的建筑需要具备的元素,调研建造建筑的步骤,感受透视设计图的立体感觉,尝试用自己的画笔让平平的图形变得立体起来。

做好这些准备后,伙伴们自由结组,给团队起名字,互相交流自己想法,讨论想要设计的建筑风格。

(二)设计并修改自己团队的建筑图纸

在设计图纸初阶段,幼儿自由结对讨论图纸,了解彼此的想法很重要。每个团队将大家的想法整合在一起,并寻找最合适的绘制工具,认真设计每一层房屋。原来小朋友的奇思妙想斑斓无比,如图6-7。幼儿根据需要修改图纸,统计设计图纸中"棍(牙签)"和"球(橡皮泥)"的用料数量,报给"材料供应公司(本班老师)"。

图6-7 幼儿小组绘制的建筑图纸

(三)领取材料,搭建建筑骨架

幼儿根据自己统计的用料数量领取材料,并根据设计图纸进行有计划的搭建,在搭建建筑骨架的过程中继续修改方案图纸。大家在创作过程中研究最独特的建筑风格,原本散落的小棍和小球在幼儿的手中初现房屋框架。每个团队的建筑骨架都不相同,制作手法各有千秋。遇到新点子或困难时,大家随时沟通,改好图纸后,按照新图纸继续搭建。

（四）进行建筑墙面的处理及建筑周围环境的美化

小组成员讨论主题和选色,根据各自的建筑主题选择相对应的主色调,每个小队的风格和颜色各不相同,如图6-8。科学队的蔬菜阳光房好像阳光照进去都是绿色的,凤凰小队用粉色系和金黄色装饰墙面,冰雪公主队像是在创造冰雪王国……

图6-8　幼儿合作搭建的建筑

日子一天天过去了,团队合作搭建的小建筑逐渐有了好看的模样,他们美好的小院里也种上了花花草草,还有我们班的小菜园。教师化身农场主,支持幼儿的探索和发展,提供幼儿搭建所需的材料,帮助他们解开建筑的技术难题。

（五）教师的思考

这一阶段,幼儿分组合作进行了建筑的搭建。他们以自身的兴趣为基点,每个小组都清楚彼此的想法,并能寻找合适的工具绘制图纸。在搭建过程中,他们能根据遇到的困难或问题及时调整自己的建造思路,勇于接受失败。幼儿自由结队,学画透视设计图,感受建筑图纸的立体感,讨论、设计、建造出自己团队的作品。这两个月的时间里,我们发现幼儿的想象力是无穷的。他们有很多新奇的想法,这些想法都被一一实现,我们每一个人都无比兴奋!

三、"建筑狂想曲"毕业建筑展开展啦

搭建活动持续了很久,在幼儿小组合作搭建完成的时候,大一班小朋友的幼儿园生活就要接近尾声啦!岩岩小朋友提议:"我想让其他班级的小朋友都看到我们这么棒的作品。"布置一个"建筑狂想曲"毕业展的念头就这样产生了。作为毕业前的最后一次展览,幼儿都非常重视。经过讨论,幼儿决定制作展览门票进行宣传,邀请全幼儿园的小朋友来观看,如图6-9。

图 6-9　建筑狂想曲毕业建筑展

（一）走,送票去!

"送票大军"出发,去给其他班的小朋友们送票。单人深绿票,团购浅绿票,小朋友们争相给认识三年的大班小朋友送票,叮嘱他们千万别迟到;给中小班的弟弟妹妹送票,希望和他们分享我们毕业前的最后一次展览。

(二)我们开展了!

建筑展共分为两个展区:

第一个展区是幼儿们反复修改的设计手稿,在设计过程里,幼儿们的
手稿已经翻得破旧,如图6-10;

图6-10 第一展区:建筑狂想曲设计手稿展

第二个展区是建筑作品展。展区前面围满了好奇的伙伴,讨论着作品
的故事,创作者们讲述着创作的喜悦和苦恼,回答着接连不断的可爱小问
题,如图6-11。

图6-11 第二展区:建筑狂想曲建筑作品展

（三）教师的思考

用什么来留住我们的幼儿园最后时光呢？幼儿们一致决定举办"建筑狂想曲"毕业建筑展。我们去给曾经的伙伴、喜欢的老师送门票，请全幼儿园的小朋友来参观展览，得到了大朋友小朋友的惊叹和赞赏。这对幼儿来说是最好的毕业礼物。我们相信，这只是他们探秘建筑、欣赏建筑之美的开始，对建筑的探索、艺术的追求已深深植根在了他们心中。

1. 教师要及时调整在活动中的角色

建筑活动持续了两个学期，从上学期的探秘天津老建筑，到搭建建筑，我们一起调研、参观、写生。最终，幼儿们以 12 次活动完成完美设计并记录学习的过程。

在这一过程中，教师的有效介入显得尤为关键。教师在活动过程中，一直都以幼儿的兴趣、幼儿的感受为先，给予幼儿思考、探索、表达、操作、展示的机会。幼儿在整个设计和搭建过程中，创意均来源于自身和团队讨论，教师作为观察者支持幼儿的创作，激发他们的创作灵感。教师是整个过程的观察者、引导者、支持者。教师还需要观察分析幼儿的游戏行为，以便在合适的时机进行下一步游戏的引导，既要保证吸引幼儿完全投入其中，又要保证活动是可控的、可进行的。

此外，在整个活动过程中，教师在工具和材料方面给予充分的支持，对幼儿的操作过程提供有效的指导。教师为幼儿提供了多种材料的支持，如不同风格的建筑图片、纸笔、橡皮泥、牙签、硬卡纸等美工工具，这都为幼儿进行自主游戏提供了帮助。

2. 幼儿在自主游戏中实现了多方面的发展

（1）合作能力

在搭建的过程中，幼儿充分体验到了合作的力量。整个团队有分工、有合作，在沟通和配合中解开建造技术的难题，他们共同讨论，从如何设计到选用什么材料,从如何搭建到如何起名。遇到的每一个问题,幼儿都能及时沟通,这都需要团队的协商。幼儿在发现和探索中,不断提高了自我学习的能力,也懂得了团队合作的重要性。

（2）灵活调整能力

建筑狂想曲的整个过程都体现了幼儿的自主性、创造性。在搭建之前,每组幼儿都绘制了设计图。但在实际搭建中,幼儿不仅能够根据设计图进行搭建,还能根据搭建过程进行设计图的调整,灵活修改设计图纸。如发现设计图太过复杂,便在搭建时降低设计图的难度。这对于他们的自主学习、探索能力、反思能力都有很大的帮助。

（3）审美能力

我们一直致力于培养幼儿美的艺趣,而建筑本身就具有独特的美感,可以说人类的审美情趣通过建筑表现得淋漓尽致。幼儿欣赏建筑的过程,其实也是在感受建筑之美的过程,他们自然而然就会有对美的追求,这对他们审美能力和创造能力都是有帮助的。

我们就这样在玩建筑、做游戏中度过了最后的大班时光,老师期待长大后的你们有更棒的作品!

（案例提供:曲嘉韵　宋荣荣）

五、公能根基课程表演活动

表演活动是公能根基课程中幼儿重要的学习方式之一。幼儿具有与生俱来的表演天赋,在幼儿游戏和日常生活中,可以经常看到他们用小手划过桌子,假装在开火车;他们把玩具堆在一起,假装在装快递;他们拿着空杯子碰杯,假装在喝果汁……这是他们在表达已有经验并创造新经验,他们这些"假装动作"是自发的、快乐的、自由的。

幼儿具有戏剧天性,需要戏剧的滋养、戏剧教育的激发。更重要的是,绘本剧表演能够让幼儿更好地认识外部世界、认识自我。同时幼儿也乐在其中,他们乐于装扮,幻想他人或他物的言语与情感,用身体像他人或他物一样行动,感受周围世界的奇特和美妙。戏剧教育,恰恰能给予儿童形体思维和抽象思维相结合的更大空间,让幼儿更加自由、畅快地在创作中学习。

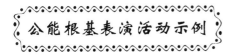

"南小开剧场"

南小开剧场起源于南开话剧社,而话剧在南开的历史最早可以追溯到 1909 年,南开大学校长张伯苓先生首次将西方话剧从美国引入南开。张伯苓校长将话剧视为"社会教育之利器",坚信话剧能够带来的精神提高,因此重视戏剧软、硬件设施建设,营造了浓厚的戏剧创作与发展环境。因此也有人说南开的话剧开启了中国话剧艺术的先河。随后,伴随着南开新剧团的建立发展,南开话剧逐步走向兴旺。从南开第一部话剧《用非所学》,到由周恩来总理亲自参演的《一元钱》,从由曹禺大师当年亲自改编并主演的话剧《财狂》,到反内战名剧《凯旋》,再到如今学生版话剧《红旗谱》、大型话剧《杨石先》……百年走过,南开话剧始终是校园文化中最为靓丽的一道风景,也是公能素质教育的重要手段和方式。南小开剧场也成为南开大学幼儿园内最活跃、最受幼儿欢迎的场地,成为公能根基教育的重要组成部分,如图 6-12。

一、"南小开剧场"游戏活动脉络

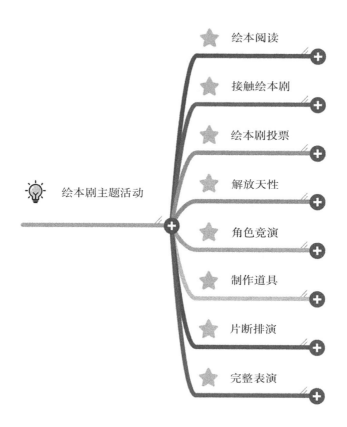

图 6-12 "南小开剧场"游戏活动脉络

（一）绘本阅读

在中班阶段开展《亲子阅读打卡活动》《故事大王》《故事时间》等活动,幼儿在家中与父母坚持绘本阅读,积累了大量的绘本阅读经验。在幼儿园中开展故事大王活动,与小朋友们分享自己最喜欢的绘本,并简单复述或讲述绘本。师幼共同筛选适合表演并有教育意义的绘本故事,如《冬冬的落叶》《跑龙套》《咕叽咕叽》等。在日常活动中,向同伴分享绘本,并边阅读绘本、边模仿绘本中某个角色的表情或动作或语言,激发幼儿对戏剧表演的兴趣。

教师手记:在故事大王的活动中,齐齐小朋友向大家分享了《猴子当大王》这一绘本,幼儿捧腹大笑,对这个绘本十分感兴趣。每次阅读时间,《猴子当大王》就成了热门绘本,大家都争着看。教师发现幼儿们对这本绘本的兴趣很高,教师再次向幼儿分享《猴子当大王》绘本故事,并和幼儿一起到动物园实地观察猴子的生活习性和动作特点,一起模仿猴子是怎么说话的,大王是怎样走路的,初步激发幼儿们对戏剧表演的兴趣。随后,在户外幼儿自发组织的游戏中,经常会听到"我想当大王""你来当将军吧"……从单一的绘本阅读到模仿游戏,再到角色扮演游戏,幼儿对《猴子当大王》的热情依旧高涨。

（二）接触绘本剧

师幼自由讨论并开展调查:什么是绘本剧呢? 小朋友们看过哪些绘本剧? 你有没有想要表演的绘本剧? 什么样的绘本适合小朋友表演……了解幼儿的已有经验。随后教师组织幼儿一起观看绘本剧《世界上最大的房子》,幼儿初步了解接触绘本剧。原来绘本剧就是将绘本故事改编成舞台短剧,由小朋友自己扮演剧中角色进行表演的活动。在南开大学深厚的话剧历史背景影响下,我们充分利用高校资源,组织幼儿参观大学生话剧社、东方艺术厅,观看话剧排练以及话剧演出,与话剧演员哥哥姐姐面对面交流,将爱表演的种子悄然植入每个幼儿的心中。

教师手记:在初次与幼儿讨论什么是绘本剧的过程中,我发现很多幼儿将绘本剧与动画片混淆,大多数幼儿认为《冰雪奇缘》就是绘本剧,在组织幼儿观看绘本剧后,他们渐渐对绘本剧有了初步的了解。玥玥小朋友说:"绘本剧就是小朋友们在舞台上表演绘本故事。"小伊小朋友说:"这些

167

图6-13　幼儿讨论结果记录

小朋友穿着漂亮的演出服。"顺顺小朋友说:"我们也演一个吧……"

（三）绘本剧投票

根据前期对绘本内容的理解和对绘本剧表演的了解，幼儿自由讨论表演一场绘本剧需要准备什么，并自主投票选择自己最想表演的绘本剧，如图6-14,6-15。幼儿讨论结果为要选择角色较多、内容丰富、情节有趣的绘本。

图6-14　绘本剧投票海报　　　　图6-15　小朋友在投票中

教师说："我们要演一场什么样的绘本剧呢?"瑞瑞小朋友说："这个绘本里需要里面有很多角色，这样每个小朋友都能有自己的角色啦。"深深说："我想演《冬冬的落叶》，我喜欢大树……"在小朋友的讨论中，教师发现幼儿对绘本剧已经有了一定的了解，很乐意参与其中。

（四）解放天性

通过多种类型的戏剧游戏，解放幼儿天性。戏剧游戏是教师引导幼儿运用肢体与表情、声音与语言，进行感知、想象和表达的戏剧教学游戏活动。幼儿在戏剧游戏中是快乐的，同时又是有规则、自由的；是充满探索的，同时又是放松和专注的；是有动有静的。在戏剧游戏中，幼儿的戏剧表达能力有所提高，在模仿、造型、控制和想象等多种层面上发展了其戏剧表达能力，如图6-16,6-17。

图 6-16　小蚂蚁和大巨人　　　　图 6-17　表情模仿秀

教师手记：在绘本模仿游戏中，我发现每次参与的总是固定的几个性格活泼的幼儿，大多数幼儿在模仿游戏中肢体紧张，动作放不开并且不自信。因此，解放幼儿的天性是绘本剧表演的首要任务，从较简单的戏剧游戏入手，让幼儿在游戏中慢慢打开自己，不再拘谨，提高了幼儿的戏剧表达能力。

（五）角色竞演

师幼一起讨论选定的绘本中共有哪些角色，然后说一说每个角色都有什么性格特点与外形特征，以及自己最想表演哪个角色，最后参与角色竞演活动，如有想表演同一角色的幼儿，可分别模仿该角色或表演某一片段，其他幼儿投票选出最适合表演该角色的演员，如图6-18,6-19。

图6-18　小猪角色竞选　　　　　图6-19　小老鼠角色竞选

教师手记：在分配角色的过程中，小朋友们遇到了一个难题，有两个小朋友都想当《咕叽咕叽》绘本剧的主角咕叽。教师引导性提问：你心目中的咕叽咕叽是什么样子的？谁最适合当咕叽呢？"应该选一个个子高的小朋友当，因为鳄鱼的蛋最大。""演咕叽咕叽的小朋友应该是牙齿尖尖的。""我们可以演两次啊，这样两个小朋友都能演咕叽了。"……最后幼儿讨论决定两个小朋友一起模仿咕叽咕叽小片段，大家一致投票选择了声音洪亮、个子最高的妍妍来当主角咕叽。在讨论中，我发现幼儿对绘本中角色的性格特点和动作特点描述得很精确,最后选出来的小朋友也十分契合角色特征。

(六)制作道具

在区域活动中进行制作、环境布置和展示区布置等活动,如在美工区制作绘本剧表演布景,制作角色面具、服装等,同时还需要制作绘本中所需要的道具材料,如小船、树叶等,最后师幼共同设计并制作绘本剧演出海报、剧照展示等,如图6-20,6-21。

图 6-20　制作花格子大象时装节服装

图 6-21　为小猪做衣服

教师手记:小为用海绵纸为小猪做了一个肚兜,接着用报纸等材料做了一个耙子。"为什么要做一个耙子呢?""因为这是猪八戒的武器啊"……在制作道具的过程中,幼儿充分发挥自己的想象力和创作力,为绘本剧中角色制造了不同的道具,丰富了绘本剧情节以及角色特征。

（七）片段排演

教师组织系列选定绘本戏剧表演活动,引导幼儿进行片段表演。除此之外,在区域活动中,幼儿也能自由组织排演。如在语言区,可以为绘本故事配音,即兴创编角色之间对话,边看绘本边进行对话交流;在表演区,幼儿可以进行表演游戏,分角色从模仿某一动作逐渐加大难度到模仿一系列动作,也可根据剧本进行片段表演或整体表演,如图6-22,6-23。

图6-22 花格子大象在走秀　　图6-23 《冬冬的落叶》中的小老鼠

教师手记:在区域活动中,南小开剧场里总是在上演着不同的绘本剧故事。幼儿在小舞台上释放天性,有时是独自穿着表演服装在走秀,有时是几个小朋友在玩模仿游戏,有时是根据绘本进行片段表演。游戏从易到难,幼儿在这一过程中也逐渐变得大方、自信,表演能力得到提高。

（八）完整表演

在片段表演的基础上尝试完整表演。带领幼儿熟悉演出流程，幼儿自由分配任务，同时在南小开剧场开设"售票处""化妆间""服装间"等窗口，丰富幼儿生活经验，如图6-24,6-25。

图6-24 小朋友在化妆间化妆　　图6-25 《冬冬的落叶》绘本剧演出活动

教师手记："老师，我们去看电影的时候都可以吃爆米花的。""南小开剧场里应该有卖爆米花、可乐的地方啊。"于是，南小开剧场中的小商店就应运而生了。小朋友制作爆米花，定价，售货员上岗，支持扫码付款……幼儿将生活中的经验迁移到了游戏中。吃着爆米花，喝着可乐，看着绘本剧，每个幼儿的脸上都洋溢着幸福的微笑。

（九）教师的思考

1.以游戏的形式提高幼儿在戏剧表达方面的能力

幼儿园绘本剧主题活动是指围绕着某一绘本或主题，儿童绘本表演经验整合与提升的过程,师幼共同建构的一系列戏剧活动,即从绘本中角色的体验与表达出发,到绘本剧中冲突的创作和问题的解决,最终形成完整的绘本剧表演。

在绘本剧主题活动中,教师带领幼儿集体进行戏剧表达、戏剧创作再到戏剧表演。根据中班幼儿的年龄特点以及心理特点,在中班绘本剧主题游戏活动中,我们以游戏的形式提高幼儿在戏剧表达方面的能力。

2. 明确绘本剧主题活动目标

(1)了解绘本故事内容,理解主要角色之间的关系;

(2)能够用肢体与表情表现角色的典型行为特征和情绪状态;

(3)能够选用合适的材料,进行角色装扮和场景布置;

(4)能够与同伴协商不同的想法,积极地与其他角色配合;

(5)敢于在集体面前表现自己,知道并能遵守一定的剧场规则。

3. 在游戏前做好活动准备

(1)时间安排

中班每班选择 1 至 2 个绘本剧主题活动,每个主题实施 1 至 2 个月时间。每个主题活动包括导入活动、若干戏剧表达和戏剧创作活动,可根据每班选择内容、幼儿实际情况自行调整。

(2)环境布置

绘本剧主题活动需要展示区和各类区域的设置,为幼儿营造绘本表演的氛围,提供展示的平台,同时也能为幼儿创设探索绘本剧表演的时间、空间和材料等。

展示区包括主题墙和表演活动记录,如剧本、角色竞选、演出海报等。区域设置包括语言区、美工区、表演区,为幼儿提供表演相关的各种材料和道具。

二、"南小开剧场"具体活动案例

《猴子当大王》

故事摘要:很久以前,老虎就当了森林的大王,他对别人总是彬彬有礼,小动物们都很喜欢他。只有猴子不服气,他觉得自己更适合当大王。有一天,虎王要出远门了,他任命猴子当大王,并让象将军辅佐他。刚开始,猴子还假装彬彬有礼的样子,但后来,他就变得傲慢无礼起来,小动物们渐渐都不喜欢他了。一天,猴子独自在山上吃香蕉,忽然被猎人发现了,将他抓走卖到了马戏团。猴子又紧张又害怕,但他觉得象将军会来救他。可象将军和小动物们却在一起庆祝:这个傲慢无礼的猴大王终于走了!

活动目标:

1. 理解故事内涵,知道故事的主要人物及情节;

2. 能够模仿故事中主要人物动作特征;

3. 乐于参与绘本剧表演游戏。

活动准备:

故事绘本、表演音乐、动物头饰、服装、背包、体育器材等

活动过程:

1. 聆听故事,理解故事内涵

——你最喜欢故事中的谁? 不喜欢谁? 为什么?

——我喜欢虎大王,因为他对别人总是彬彬有礼。

——我也喜欢虎大王,因为他愿意帮助猴子实现愿望。

——我喜欢象将军,因为他很忠诚勇敢。

——我不喜欢象将军,因为猴子对他没礼貌的时候,他不会反抗。如果有人对我不礼貌的话,我肯定会生气!

——我不喜欢猴子,因为他没有礼貌。

2. 根据图片讲述故事

——图片上有谁？

——虎大王、象将军、猴子和小动物们。

——他们在干什么？

——打招呼。

——他们可能说了什么？

——虎王说"大家好"，小动物们说"大王好"。

——那我们可以怎样讲述呢？

——老虎是森林里的大王，他每次见到小动物，都会和大家打招呼说"大家好!"小动物们也会打招呼说"大王好。"

3. 表情练习

找一找，你觉得哪个表情最有趣？你可以学一学吗？

——猴子心里很不服气："哼，我更适合当大王!"

——猴王摸着自己的皇冠，心里想："当大王的感觉可真好啊!"

——一开始，猴王还假装彬彬有礼的样子。

——他决定改革，拿象将军开刀。他指着象将军，大声地说："跪下!见到大王怎么那么无礼？"

——猴子被猎人关起来了，他又紧张又害怕。

4. 片段表演

在理解人物的基础上进行角色扮演，重现故事情节。

《冬冬的落叶》

故事摘要：冬冬是一棵大树。冬天来了，树叶纷纷飘落。没几天，冬冬身上的树叶掉的一片也不剩了。冬冬不禁担心起来：我是不是生病了？这时，老鼠妈妈来到树下，希望冬冬给它一些落叶，给宝宝们当被子盖。小猪一家人也来了，他们想要用树叶烤番薯……好多小动物都来了，在树下开起了联欢会，烤番薯、踢球、踩树叶，大家玩得不亦乐乎。冬冬也渐渐忘记了自己的烦恼,慢慢高兴起来。这个时候,一片片白云飘过,正好停在冬冬的上方,倒映在水中,好似白色的树叶,冬冬感叹道"真美呀!"

活动目标:

1. 探索并表现故事中的人物外形与行为特点;

2. 能够表演片段,重现故事中的情节;

3. 即兴展开两人或三人的对话。

活动准备:

音乐、树叶、大树、老鼠、小猪、兔子道具。

活动流程:

1. 全班一起欣赏绘本并复述故事情节

——大树冬冬为什么很难过?

——冬冬的树下来了哪些小动物?

——小动物们是怎样和冬冬借树叶的?

——故事结尾冬冬的心情是什么样的?

2. 讨论练习"风"的动作,模仿大树被风吹时的造型

——风是什么形状的?

——冬冬遇见大风,它会怎样?

——请小朋友们扮演大树冬冬,一阵大风吹来,大树开始摇晃……

3. 请幼儿扮演树叶小精灵,当大风音乐响起,幼儿尝试用肢体表现树叶被风吹落的情形。当大风音乐停止,树叶飘落在地面不动。

4. 全班围成一个圆圈,依据出现的角色分为三组,分别为"老鼠""小猪""兔子",小组讨论该组动物角色特点和肢体动作特点。

5. 分享小组成果,并进一步讨论,当小动物来到大树冬冬树下,会怎样向冬冬借树叶?

6. 教师入戏扮演大树冬冬,与老鼠、小猪以及小兔子轮流互动。

——请小朋友按照故事顺序来表演,当老鼠来到冬冬树下时,其他组

小朋友可以蹲下休息,观察别的组小朋友表演。

——当老鼠回到自己的位置后,下一组小朋友才能开始表演。

7.讨论与分享《冬冬的落叶》戏剧表演活动的感受,并尝试由幼儿扮演大树冬冬,再进行一次。

三、"南小开剧场"戏剧游戏案例

1.小蚂蚁和巨人

玩法:幼儿随意平躺在地板上,尽可能地蜷缩自己的身体,想象自己比小蚂蚁还要小,然后自然放松至正常状态。接着,幼儿伸展自己的身体到最大程度,想象自己是一个巨人,再放松到平常状态。

要点:身心放松。

2.点点星光

玩法:幼儿围成圆圈,教师按顺序点着幼儿念:"一闪一闪亮晶晶,满天都是小星星,星星你呀真调皮,变成仙女去飞行。"最后"行"落在谁身上,谁就扮成仙女飞到圆心,再飞回原地,闭眼。教师播放轻松的音乐,引导幼儿想象星星还能变成什么。

要点:身心放松。

3.魔幻盒子

玩法:教师准备一个不透明的口袋,里面装上玩具、水果、画笔、蔬菜等。幼儿把眼睛蒙上,从口袋中摸取一件东西,并通过闻、触摸来猜测所拿到的是什么。或让幼儿用肢体动作表现自己所拿到的物品。

要点:触觉感知,嗅觉感知。

4. 猜猜我是谁

玩法:全班幼儿坐成半圆,教师请一个幼儿背对大家坐好,请另一个幼儿走到他椅子后面,轻轻地敲椅背三下。坐着的幼儿问:"是谁敲我的门啊?"敲门的幼儿说:"是我,猜猜我是谁?"如幼儿猜不出,可再问:"你是什么人?"可回答:"我是你的好朋友。"再猜。猜对了,就调换幼儿,游戏重新开始……

要点:听觉感知。

5. 照镜子

玩法:两个幼儿为一组,一人当"照镜子的人",另一人则当"镜中人"。当"镜中人"的幼儿必须完全模仿"照镜子的人"的动作。

要点:观察和模仿对方动作。

6. 表情模仿秀

玩法:教师先引导幼儿自由表现不同情形下的表情,然后请愿意展示的幼儿上前,表现自己的各种表情并进行拍照。随后出示不同表情图片,邀请幼儿进行模仿,看谁模仿的最像。

要点:表情模仿。

7. 声音波浪

玩法:幼儿围圈站立,最先开始的幼儿用大大的声音说"啊",其旁边的幼儿用小小的声音说"啊",接下来的幼儿用大大的声音说"啊",再接下来的幼儿用小小的声音说"啊"。依次完成,形成一个声音波浪。第二轮,可以把"啊"变换成其他的词语,比如,一名幼儿用大大的声音说出"狮子",第二名幼儿用小小的声音说出"老鼠",第三名幼儿用大大的声音说出"狮子",第四名幼儿用小小的声音说出"老鼠",形成声音波浪。

提示:尽量保持声音的连贯性。

要点:声音高低控制。

8. 慢镜头

玩法:教师告诉幼儿:"我手里有一个遥控器,可以把你们的动作变得很慢很慢。"当老师说:"搬椅子,慢慢慢"。幼儿就要表现自己是如何一步一步走到椅子旁边,又是怎么一点点地弯腰、伸手、站起来把椅子摆在一起的。幼儿需注意表现一个具体的动作。另外,可以选择生活中的常用动作进行表现,如吃饭、收拾玩具、骑小自行车等。

要点:肢体动作速度的控制。

9. 鹦鹉学舌

玩法:幼儿围圈坐好,教师给定一个话题,比如,"今天早晨起床后我都干了些什么?"第一位幼儿就这个话题说一句话,其旁边的幼儿像鹦鹉学舌般进行重复,然后再说一句自己想说的话,第三位幼儿接着模仿,依次类推。

要点:听觉专注。

10. 找不同

玩法:全体幼儿在座位上坐好。教师请一名幼儿上前,请其他幼儿仔观察该幼儿的服装并注意细节。之后,教师请该幼儿转过身去,背向全体幼儿,可以对该幼儿的服饰稍做改变,如在不显眼的地方贴一个贴花,或者在幼儿的脸部稍做化妆,然后让该幼儿转过身来,请全班幼儿找出其变装后和之前的不同之处。

要点:视觉专注。

（指导教师：冷宜芳　药豆豆　靳婷婷）

六、公能根基课程种植活动

种植活动是公能根基课程中一项重要的综合性活动,它使幼儿有更多的机会亲近自然。种植活动不仅丰富了幼儿相关的知识、技能,激发了幼儿的探究热情,提高了幼儿的动手能力,还锻炼了幼儿顽强的毅力,培养了幼儿对待事物的认真态度和参与工作的坚持性。

具体来看,幼儿在种植活动中不仅能够了解多种植物的名称及丰富的生活形态,还可以观察它们在生长过程中的多样变化,了解更多关于植物外形和生长条件的科学知识。同时,幼儿还能从中学习到一些简单的种植方法,初步了解植物的生长特点,养成爱劳动的习惯,在收获的过程中体验劳动的喜悦,并懂得珍惜劳动的成果。总而言之,种植活动蕴藏着丰富的教育价值,是公能根基课程内容实施的重要途径之一。

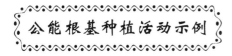

公能根基种植活动示例

"南开园里的蔬菜大棚"

　　故事要从绘本《谁藏在菜园》讲起,最近,我发现幼儿在建构区搭建了新事物:蔬菜大棚。他们还细致地用了棕色乐高积木做土壤,绿色乐高积木做蔬菜。他们模仿着翻土、浇水,样子可爱极了!当我询问幼儿,为什么会搭蔬菜大棚时,幼儿说:"我们看到《谁藏在菜园》那本书里的,狐狸伯伯就有一个可以种很多蔬菜的菜地,但是我种的植物比较怕冷,我就给他弄了一个棚。"原来,他们想拥有一块自己的蔬菜大棚,而南开园里刚好有着土壤肥沃的种植园地,且当下正值春天,万物复苏,是播种好时节。实现幼儿拥有蔬菜大棚的愿望是可行的。于是,我问幼儿:"你们想不想拥有属于自己的蔬菜大棚,每日精心照顾蔬菜宝宝们,为它们浇水、施肥、捉虫,看它们发芽、开花、结果呢?"幼儿异口同声地高呼:"想!"

　　于是,我顺应幼儿想要拥有属于自己的蔬菜大棚的愿望,依据幼儿愿意接触自然、亲近自然的天性,加之他们关爱生命、观察细致、喜爱探究、享受劳动的年龄特点,依托南开园优良的种植条件,同幼儿一起开启了建设属于我们南开大学幼儿园的蔬菜大棚。

　　著名学前教育家陈鹤琴说:"大自然是我们的知识宝库,大社会是我们的活教材。"《3-6岁儿童学习与发展指南》也明确提到"通过户外活动、参观考察、种植和饲养活动等支持幼儿在接触自然、生活事物和现象中积累有益的直接经验和感性认识。"建设蔬菜大棚是基于幼儿的自身兴趣产生,在此基础上,我与幼儿一起选择适宜的蔬菜种子,制作植物生长观察表,及时为他们提供种植相关的知识。本次活动能够让幼儿在综合性分析植物生命与环境的因果联系中与自然建立有机联系;在记录植物生长的过程中,提升观察、探究与记录能力,发展数量概念;在与植物的朝夕相处中,爱上不同蔬菜,体悟珍惜生命与粮食,增强责任意识;在浇水、施肥的过程中,体验劳动与收获的快乐。

一、播种前的准备工作

建设蔬菜大棚是一项大工程,建设工作的第一步就让众多幼儿犯了难。琪琪小朋友说:"蔬菜大棚那么大,我们要怎么弄呢?"果果小朋友说:"我们先要有种树用的铲子,还要有种子。"圆圆小朋友说:"有了种子我也不会种,我觉得有点难。"清源小朋友说:"可以请我的爷爷奶奶和爸爸来帮忙,他们可是高手。"大家一致认为清源小朋友提供的这个办法最可行。于是老师便帮助幼儿联系了源源的爷爷、奶奶和爸爸,诚挚地邀请他们来做我们蔬菜大棚建设与蔬菜种植的技术指导。有了技术层面的支持,我们建设蔬菜大棚的信心更加坚定了。清明节这一天,源源的爷爷、奶奶和爸爸来到幼儿园。幼儿十分兴奋,鼓掌欢迎我们技术指导员的到来。技术指导员告诉幼儿,建造蔬菜大棚可没有那么容易,在播种前就需要做大量的准备工作,这些准备工作直接关系着蔬菜生长的质量。敏敏小朋友迫不及待地询问技术指导员:"那我们都需要做些什么呀?"童童小朋友说:"我们把自己的铁铲带来了,请爷爷、奶奶、叔叔教我们吧。"

清源的爷爷说:"第一步就是要翻土施肥,在播种前我们需要将营养肥料与田土均匀混合。"恒恒小朋友好奇地问:"我知道蚯蚓就是帮我们翻土的。""那么我们怎么用铁锹进行翻土呢?"爷爷回答道:"不急,我来教你们。"爷爷一边讲解,一边示范。这可是一门技术活儿。幼儿看过清源爷爷的示范后,纷纷挥起了自己的小铁铲,像模像样地翻起土来。

清源爷爷继续讲解道:"第二步就是开沟施肥和浇水。"阳阳小朋友好奇地问道："施肥是什么？肥是从哪里来的？"班级里的百科小达人诺诺回答道："给植物施肥，就像给动物喂食一样，是帮助蔬菜宝宝们增加营养的。"我在旁边听着，并未过多回答，准备回去后在图书区放置种植、施肥相关的绘本，供幼儿查阅。

清源爷爷这时略微提高了些声音，说道："这第三步是起垄铺地膜，铺地膜可以保证温暖和保持湿润，能积蓄更多的热量，帮助蔬菜宝宝的家温暖起来。"幼儿们看着初具雏形的蔬菜大棚高兴地欢呼起来。这时，我组织幼儿集体向我们的技术指导员表示深深的感谢。

图 6-26　家长志愿者为蔬菜大棚起垄铺地膜

二、点播种子

准备工作做充足后，接下来便是关键的播种关节。我选择了一些生长周期较短、适宜春季播种的植物，供幼儿以投票的方式选择。最终，票数最高的西葫芦与水萝卜成为我们播种的幸运植物。选好植物后，我帮助幼儿从农产品市场买来了种子，那么如何挑选种子，变成了我们的新问题。这时幼儿发问:"是所有的种子都能种吗?"溪溪小朋友说:"这个种子破了,不能种。"大福小朋友接着说:"这个也是的,这个种子外面的皮被我们踩坏了,如果种下去,长出来的果子应该也是坏的吧。"我顺着幼儿的问题问道:"那你们觉得什么样的种子可以种呢?"开心小朋友说:"可能要滑滑的,没有疤痕。"果果小朋友说:"要好的,就是没有破皮的。"我最后总结说:"要光滑的,没有破的种子才能种下去,你们同意吗?"幼儿们异口同声地高呼:"同意。"

我们一起筛选好种子后,把种子尖尖的一头插进土里。点点小朋友说说:"真希望西葫芦和水萝卜快点长大呀!"

三、浇呀浇! 发芽啦!

播种后,幼儿们时刻心系自己大棚里的蔬菜宝宝们。幼儿不仅在种植活动中积极浇水,还会在午间散步时跟老师表达:想去看看蔬菜宝宝的生长情况。幼儿看呀看,盼呀盼。终于,在一次升旗活动结束,排队回班的途中,眼尖的俏俏小朋友喜出望外地喊道:"老师,看! 蔬菜的芽长出来啦!""我们成功了,耶!""终于发芽了,我等了太久了!""太开心啦!"幼儿初次感受到了生命成长带来的喜悦。

四、看呀看! 开花啦!

我们根据技术员的指导与植物的生长规律,决定每三天给植物浇一次水。幼儿每次给植物浇水时都格外认真。这时我提议:要不要一起制作一个植物成长记录表,一起记录植物成长的模样。"好!""同意!"在幼儿的群体智慧中,我们的表格制作出来了。他们日日观察、记录着植物嫩芽生长的样子。嫩芽越长越高,我们的技术指导员为了让西葫芦更好地生长,帮助我们搭起了架子。功夫不负有心人,又过了一周多,我们的西葫芦开花了。宁宁浇水时,兴奋地喊着:"老师,老师,你看! 我们的西葫芦开出了黄色的花花。"帅帅感叹道:"西葫芦你真听话,开出的花花太漂亮了!水萝卜也不错,芽芽长得也很高!"幼儿纷纷赶过来,小心翼翼地欣赏着小黄花和高高的嫩芽,生怕踩到它们。

五、盼呀盼!收获果实啦!

知道西葫芦开花后的幼儿,浇水更加认真了。我们日日观察,记录花朵和嫩芽的生长状态。"老师,这个花朵为什么一天天的蔫了,是不是缺水了?""老师,我们的西葫芦还能长出来吗?"幼儿们看到西葫芦的花朵渐渐变小,充满担忧地问道。于是,我们一起寻找原因。我们按时浇水、施肥,应该不是缺水了。这时,我跟幼儿们说:"我们再观察几天,看看会有什么情况。"幼儿发现这一情况后,对植物的关注更加频繁了。周末休息的两天内,他们也会跟我联系询问花的情况。周一一来园,他们便关切地问蔬菜宝宝的情况。我组织他们去看,惊喜地发现,西葫芦结出了果实。幼儿欢呼着,他们尽情地享受着收获的快乐,同时也知晓了花朵变小不是枯萎了,而是要长出果实了。果实在幼儿的精心呵护下长大、成熟了。幼儿小心翼翼地采摘、清洗。看着收获的果实,他们分外满足。经过为期一个月的精心呵护,幼儿十分珍惜这次的劳动成果,并给他们起了好听的名字:"小一一"与"小可爱"。

六、蔬菜变佳肴

收获了果实后,我同幼儿一同商议如何安置这些果实。苒禾小朋友说:"我好想尝尝他的味道。"芸芸小朋友说:"我也想!""我也要,我也要!"幼儿纷纷表达出想要品尝果实味道的愿望。于是,我们共同决定把果实送给幼儿园的大厨,请大厨帮我们做成美味佳肴。佳肴出炉啦!幼儿围坐在一起吃得津津有味,全部光盘。果然,自己亲手劳作的美食,吃起来更香甜呢!

七、教师的思考

幼儿在建设蔬菜大棚的准备工作中,认识到了物料、种子以及工具的重要性。作为教师,要及时为幼儿提供所需材料,还应为幼儿选择适宜在幼儿园内种植的植物,如生长周期较短、易于生长的植物。在管理时,应引导幼儿持续观察,激发疑问与探究,如一起制定植物生长记录表,帮助幼儿更好地观察、记录、探究。在收获时,组织采收,让幼儿尽情分享丰收的喜悦以及对劳动成果的珍惜之情。另外,教师在指导种植活动时,需要学习积累丰富的种植经验,以及时回应幼儿的发问,如种子的筛选等。

(一)源于幼儿亲自然的情感,在与自然的相互作用中成长

幼儿是自然之子,是自然的一部分。早在 200 多年前,福禄贝尔创办世界上第一所幼儿园时,就将种植作为重要的活动。幼儿是爱自然的,他们在参与过种植活动后,心系生命的成长,初具照料植物的责任感。教师敏锐地捕捉到了儿童这一需求与兴趣,并通过与幼儿共同商讨,将种植活动迁移到自己幼儿园这一实际行动,积极支持儿童实现种植愿望。虞永平教授曾指出:“种植活动是幼儿与植物、阳光、水分、土壤、同伴与教师等要素相互作用的过程。”教师通过组织这次蔬菜大棚的建设活动,可以帮助幼儿与这些要素充分互动,从而拓展幼儿的多种经验,包括亲自然情感、种植知识等独特经验,科学探究意识与能力、数学知识过程与能力、动作能力、饮食习惯、合作意识与能力等衍生经验。

(二)教师的支持性策略,让活动顺利开展

为了帮助幼儿开展种植活动,教师主要提供了以下四方面的支持:第一,材料支持。给予适宜的植物范围,供幼儿挑选,并帮助幼儿采购种子、塑料布等物料。第二,创设宽松的环境,让幼儿自由探索。在活动开展期

间,给予幼儿充足的活动时间和空间,用实际行动支持他们的想法。第三,做一个合格的观察者,适时介入帮助,如在他们出现筛选种子以及发现花朵枯萎等疑惑时,及时投放相关绘本,组织他们讨论;在幼儿观察与记录植株与花朵时,引导幼儿制作观察记录表,帮助他们梳理经验,更好地进行观察记录。第四,联系家长,提供技术支持。在活动之初,帮助幼儿邀请了具有种植技术的家长(清源的爷爷、奶奶与爸爸)同幼儿一起动手与探索;在活动开展期间,家长们给予了师幼关键的技术支持,帮助师幼丰富了种植经验,在这个过程中,家长也更加了解幼儿的发展情况,增加了家长的活动参与度。第五,联系食堂,在符合食品安全标准的前提下,让幼儿分享了自己的劳动果实,培养热爱劳动、珍惜食物等习惯。

（三）提供进一步支持,让活动丰富可持续

一个好的种植活动应该具备自然性、情境性、生成性、整合性、劳动性与可持续性的基本特征。为了支持幼儿进行深入探究和学习,教师不断丰富种植的知识与技能,进一步提高种植教育能力,灵活运用多样化的活动资源与活动类型,为幼儿提供更为丰富的种植材料、种植相关知识库、测量工具等,正视幼儿发现的问题,并支持其深入探讨。

在本次种植活动中,看到了幼儿在不断地观察与探究,表现出了对植物生长过程的认知,体现出了迁移经验和深度探究,他们在与同伴的合作中,实现着方法和经验的分享。因此,基于幼儿的经验,教师计划引导他们开展后续活动,如:引导幼儿认识植物生长的季节和外形特征;了解不同植物的不同种植方式;学会用尺子等测量工具测量植株间距与植株高度等。希望幼儿能在后续活动中爱观察、爱记录、爱探究、爱生命。

（案例提供:孟少清）

七、公能根基课程亲子活动

亲子活动是幼儿园与家庭共同建构的一种特殊形态的教育活动,它以幼儿、教师和家长的互动为主要形式,确立了和谐的亲子关系、师幼关系和家园关系,以此促进幼儿身心健康、和谐发展。亲子活动是幼儿园、家庭、社区三位一体教育的重要形式,是教育资源的最佳整合与利用,是公能根基课程实施的重要途径之一。

公能根基课程亲子活动示例

"探秘南开地图,追寻绿色宝藏"

在南开园的外出远足活动中,教师组织幼儿、收集了各种各样的树叶和果实。在相互交流、分享的过程中,幼儿发现它们不仅名称不一样、颜色不一样,形状也不一样,有的像弯弯的月亮,有的像大大的手掌,有的像一把扇子,十分有趣。回到幼儿园后,幼儿都很兴奋,不停地向别人介绍自己的收获,离园后在哪些地方见过更好玩的树,见过更漂亮的果子……为了让每个幼儿加深对南开园景物的了解,也为了让家长们走进园所的亲子活动,为小小南开人展开别开生面的自然教育,于是教师精心组织了亲子活动——"探秘南开地图,追寻绿色宝藏",旨在加强家园间的联系,让幼儿体验亲子活动的快乐,也让家长了解幼儿园远足活动的意义。

一、了解并制作南开地图

教师从几周前开始着手准备,并拿出了地球仪。幼儿们从认识地球仪开始,了解"地图"的含义。他们明白,蓝色的是大海,绿色的是陆地。他们每天喝水时讨论最多最热门的话题就是:地球仪。关于地球仪的热度不减,教师又把视角从广袤的地球,拉近到每日的生活。教师提出了新的话题:"谁还记得从家到幼儿园的路是什么样子的?""我每天来幼儿园经过的有东方艺术大楼!那还是我妈妈工作的地方。""我每天都会去二主楼玩!""我的爸爸在实验楼上班。""您知道周总理像吗,我每天放学都经过那里。"

教师继续引导幼儿:"你们每个人走的路线都不一样,我要怎么才能记住你们所有人的路线呢?""来,我画出来给你看哦!"幼儿萌发想要画一幅地图的想法。制作南开大学的地图,首先要对南开园的建筑及道路有充足的了解,这可难不倒小小南开人。教师将南开大学的标志性建筑及交通标志打印出来,准备一张白板,请幼儿一起制作南开大学的地图,如图6-27。

"我们一起把南开大学地图补充完整吧!""咦?是我记错位置了吗?快来帮我想一想!"看着幼儿把丁字路口、十字路口、南开大学标志性建筑等按照位置一点一点地拼贴在大地图上,一幅由幼儿自己创作且熟悉的南开地图新鲜出炉。

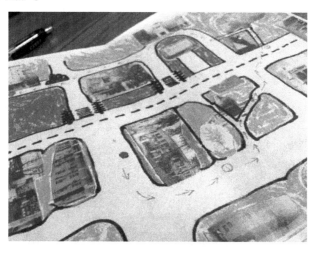

图 6-27 师幼共同制作的南开大学地图

教师手记:地图是按一定的比例运用线条、符号、颜色、文字注记等描绘地球表面的自然地理、行政区域、社会状况的图形。教师从引入地球仪开始,帮助幼儿直观地了解地图的含义,幼儿在探究过程中,不仅获得丰富的感性经验,还充分发展了形象思维。

接下来,教师由幼儿最熟悉的"家到幼儿园的路线"入手,请幼儿来找一找自己的家在南开大学地图上的位置。幼儿回忆自己平常观察到的从家到幼儿园的路线,教师准备了路口、标志、建筑等常见的标记,鼓励和引导幼儿用符号、箭头等做简单的标记和记录。

当幼儿在尝试绘制地图时,互相争论不断。他们画着画着,觉得不对了,就要停下来琢磨,这样的情形在整个探究过程中频频出现。那么到底问题出在哪里? 教师向幼儿提问:"你们觉得一起画这张地图难不难,难在哪里?"慢慢地,幼儿找到了答案。主要原因是幼儿站的方向不一样,观察的路线也不一样,合作时又各抒己见,因此会争论不休。幸好幼儿通过讨论,逐渐领悟到分歧所在,在交流体验时,他们自己主动做出调整与改变。我想,这张地图到底画得成功与否,这已不再是活动的重点,关键是幼儿在参与的过程中有没有得到启发、领悟和提升。显然在这次活动当中,幼儿已能自己觉察到了,他们在交流中尝试整理、概括自己探究的成果,体验到了合作探究和发现的乐趣。幼儿表示:虽然我们遇到了困难,但是我们有不怕困难的态度,这很重要。

二、探索南开绿色地图

"老师听小精灵说,有一个神奇的宝藏藏在南开大学地图里,听说那宝贝是绿色的,是全人类的财富呢!"幼儿很是好奇:"真的吗! 我们怎么没有见过!""在哪里,是在我们来幼儿园的路上吗? 老师您快告诉我们啊!""今天天气真好,我们一起去找找看吧!"幼儿怀揣着对宝藏的好奇和期盼,拿好南开大学地图,一起在地图里认识南开,寻找藏在南开大学地图里的绿色宝藏。

绿色地图小分队,分为石头队和剪刀队,准备出发。每位幼儿手拿一张南开小地图,开始寻找神秘的绿色宝藏。教师举着小红旗和南开地图在宝藏处等候,而担任探索小分队的队长有点特别——他们是来自南开大学生科院、环科院的家长。听说我们在探索南开园的一草一木,家长们也很兴奋,并加入了探索之旅,这样的探索活动既能为幼儿科普知识,也能亲眼见到幼儿的收获。在地图的指引下,第一站很快就到了。我们寻找到的第一个绿色宝藏是银杏树。队长讲起银杏树的故事:"小朋友们,你们知道吗?银杏树分男孩和女孩呢!女孩银杏树是长果实的呦,但男孩银杏树就没有啦。而且银杏树是世界上非常稀有的树呢。"幼儿十分喜欢银杏叶特别的形状,反复讨论着:"我觉得像小扇子!""我觉得更像爱心!""当把伞也不错。""今天才知道它的果子叫'白果',和银杏叶一样都可以做成药来治病呢!"

我们到达一木林,发现的第二个绿色宝藏是英国梧桐。"其实它有个更好听的名字,叫'二球悬铃木'。"教师卖起了关子:"你们知道为什么它叫这个名字吗?""不知道……为什么呀!快说快说!"队长愉快地揭晓答案:"因为它的果实是两个球像铃铛一样悬挂在一起呀!"幼儿们目光一下子亮起来,纷纷瞪大了眼睛去观察。秋天的美,在于湛蓝高远的天空,更在于缤纷色彩的落叶。幼儿找到了好多漂亮的落叶和二球悬铃木果实,不亦乐乎。在大自然的怀中,每个成年人藏在骨子里的孩子气跑出来欢唱。家长们卸掉繁忙的工作,专注在和幼儿一起探寻大自然的路上,这群大朋友和小朋友一样玩得开心。

随着举着红旗和南开大学地图的老师,幼儿来到终点站。第三个绿色宝藏是:水杉。沈队长说:水杉活的可久了,比恐龙还厉害呢。它和银杏树都被叫作"活化石"。"哇,水杉的叶子,好像孔雀的羽毛啊!""让我看看!""是呢!"幼儿叽叽喳喳地说着,认真的神情十分可爱。再来找找水杉的果实吧!在树底下的草地上向下挖,我们找到了两种不同样子的果实。沈队长告诉幼儿,棕色的是去年的果实,绿色的是今年的呦!"让我再闻闻……哎呦老师,它碰着有点刺刺的呀。"

家长们也捡到好多果实,同时也发出感慨:平时上班总从这里经过,没有为它特意停留过,今日和孩子一起寻找绿色宝藏,收获颇多,或许这就叫"胜利的果实"!

教师手记:自然角是幼儿的小天地。他们总能细心照顾自然角的植物宝宝,认识常见的植物、豆子或种子,并乐于将植物的生长情况以绘画形式记录下来,为其浇水测量。好奇心强、有探究欲望、喜欢亲近自然,是幼儿的天性。幼儿能在接触自然、生活事物和现象中积累有益的直接经验和感性认识,那么外出活动是最直观的方式。通过外出活动、参观考察,感知生物的多样性和独特性,感知和发现动植物的生长变化及其基本条件,以及生长发育、繁殖和死亡的过程。

利用南开大学资源,邀请幼儿的家长——生科院、环科院的爸爸妈妈们来担任本次活动的队长,因为说到叶子,他们是这方面的专家。爸爸妈妈们也很乐于参加我们的活动,和幼儿在一起寻找、发现。

在几位队长的引导下,幼儿主动观察和思考动植物的外部特征、习性与生活环境,关注其色彩、形态等特征,并用自己的语言、动作等描述它们美的方面,如颜色、形状、形态等。幼儿拿着树叶和果实爱不释手,在欣赏自然界和生活环境中美的事物时,能够感受自然界的奇妙和万物的奥秘。

再次拿出南开小地图找找来时的路,感觉走过的地方建筑都更亲切了! 出游活动结束啦,幼儿想要把沿途看到的银杏叶、二球悬铃木、水杉加入南开地图里。虽然画得有点简单,但是幼儿可以看着地图,向大家讲述我们探寻绿色宝藏的旅程,分享关于南开校园的故事。

三、教师的思考

幼儿在生活中细心观察、体验,可以为人生积累经验与素材。通过观察不同树种的形态、色彩等,回到幼儿园,幼儿尝试运用绘画、手工制作等方式表现自己观察到或想象的事物。看着幼儿一笔一画认真的模样,激烈讨论的模样,主动展示的模样,教师感到,这次的活动他们玩得尽兴,还增加了对植物的认识,增进了亲子感情。不仅如此,幼儿跃跃欲试,开启下一块地图,认识下一个绿色宝藏。

（一）利用南开教育资源，充分调动幼儿兴趣

幼儿具有强烈的好奇心，对周围事物的探索和求知欲望特别强烈。生活中，幼儿经常会发现很多现象：为什么树的叶子大小不一样，这些果子能吃吗？所有这些现象都与"追寻绿色宝藏"息息相关。教师要善于捕捉生活中的教育契机，以幼儿熟悉的南开大学校园为背景，了解和绘制南开地图，并邀请生科院的家长作为主讲人，依托专业的科学理论知识，有效地组织科学活动。

根据幼儿在活动过程中发现的新问题，不断深入，层层递进，寻找一个又一个宝藏，极大地满足了幼儿的好奇心，同时又丰富了幼儿的各种生活经验。此活动来源于幼儿的生活，丰富的可操作材料便于幼儿在自主操作过程中进行观察、发现与记录，满足幼儿的好奇心与求知欲。

（二）游戏融入科学探索，丰富且充实

《3-6岁儿童学习与发展指南》指出："幼儿的科学学习是在探究具体事物和解决实际问题中，尝试发现事物间的异同和联系的过程。"幼儿在对自然事物的探究和运用科学解决实际生活问题的过程中，不仅获得丰富的感性经验，而且发展了幼儿的逻辑思维能力，为他们在其他领域的深入学习奠定基础。对幼儿来说，游戏是快乐、生动、丰富的活动。因此以游戏形式开展科学活动，既能激发幼儿参与活动的兴趣、好奇心和探索精神，又能促进幼儿的动手动脑能力。在活动中，能看到幼儿采摘树叶，抚摸果子，热烈地讨论植物的特点，集中注意力地听队长介绍；也能看到家长兴奋地拍照，不停地说以前从来没注意过的景物。大朋友和小朋友们在活动中忘我的投入，感染着每一个人。

幼儿在活动中的具体表现，特别是积极参与、大胆猜想、不怕困难和勇于尝试的精神，是最珍贵的财富。如此，才能培养出"好奇、好问、好动"的

幼儿,让他们愉快地走进科学的殿堂。

（案例提供:张梦瑶）

八、公能根基课程中幼儿的规划与记录

　　我们认为幼儿在学习中需要掌握多种技能,如观察的技能、建构的技能、倾听的技能、提问的技能、表达与交流的技能等。在公能根基课程实践中,幼儿有自主规划活动的权利,可以发起、组织和策划新的活动,教师在其中起引导与支持的作用。在许多调查、实地参观和访问及其他活动中,幼儿需要把自己的发现和认识用恰当的方式记录下来。在公能根基课程中,规划和记录是幼儿一项重要的学习技能,这在多样化的活动中有着不容忽视的作用。

"我身边的桥"

一、"我身边的桥"活动来源

在大班秋季学期开展的"小小建筑师"的活动过程中,我发现幼儿总是偏爱搭建各种各样的桥,他们对桥产生了浓厚的兴趣和探索欲。基于此,我组织了一次关于"桥"的讨论会。我在讨论中发现,很多幼儿每天上下学都要经过南开园里的桥,幼儿对桥有了好奇心,比如桥的种类、桥的功能、桥是怎么建造的……

因此,我根据大班幼儿善于观察、乐于动手、敢于探究的年龄特点,依据幼儿的兴趣爱好,以南开园周边的桥为对象,继续开展了对"桥"的游戏探讨,我们对桥的探索就从这里开始了。

教师手记:《指南》指出:"幼儿的科学学习是在探究具体事物和解决实际问题中,尝试发现事物间的异同和联系的过程。"桥的主题活动是基于幼儿自身的兴趣产生的,在此基础上,我创设了讨论的环节,能让幼儿接收到更多的信息,将各自的经验分享给同伴。而对桥的探索,正符合大班幼儿乐于挑战的心理特点。

二、我们一起去看桥

(一)制定探究调查表

幼儿首先遇到了"桥"需要如何探索的问题。我建议幼儿先做出计划再开始探究。在讨论中,蒙蒙小朋友提出可以先从最近的南开园里的桥出发;清清小朋友进一步提出可以由老师带领幼儿观察南开园里的桥;多多小朋友补充道还可以让爸爸妈妈带着看不同的桥。最后,幼儿一致决定:我们对桥的探索就从"师幼探桥"探寻南开园里的桥,和"亲子寻桥"探寻天津的桥开始。幼儿继续讨论到我们需要了解桥是什么样子的、桥叫什么名字、桥有什么作用。在这里,我建议幼儿可以通过自己的方式描绘、记录,整理自己的探究调查表。

初步的方案形成后,师幼开始行动起来。我们共同设计了关于桥的调查表。通过幼儿们的讨论,我们统计出了三项调查任务:桥的种类、桥的功能、桥的建筑材料。

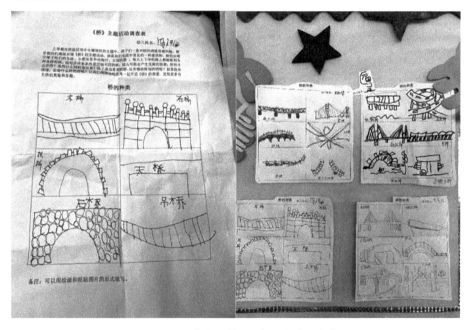

图6-28　"我身边的桥"主题活动调查表

（二）师幼探桥

在制定好关于桥的调查表后，教师带幼儿进行了一次校园远足活动，实地参观了南开园较有特色的桥，幼儿兴趣高涨。在实地考察的过程中，幼儿互相交流，通过记录表和图片的形式记录，对桥形成了初步认识。

在参观南开园东门的紫光桥时，幼儿兴奋地说："老师，在这里能看见我每天坐汽车来幼儿园路过的八里台立交桥，立交桥有不同的造型。""老师，这座桥有两个洞，这些洞是用来做什么的？"幼儿在记录表上记录下自己的观察体会。我记录下了这次远足活动中幼儿提出的问题，带着这些问题，我们开启了对桥的探秘之旅。

（三）亲子寻桥

第二周，我邀请了班级的家长助教小组进行讨论，邀请家长参与到课程的建设中，听一听家长对活动的建议。蒙蒙爸爸是历史学院的教授，他提出："天津有很多有名的桥，家长利用周末带着幼儿一起去感受天津的桥文化，同时可以作为一次亲子的研学活动。"其他家长纷纷表示赞同，钧钧家长说："自己是在南开园长大的，可以跟幼儿讲讲南开桥的历史。"因此，亲子寻桥的任务就留在了这周的离园时间和周末时间，班里的家长们纷纷加入寻桥队伍。

就这样，幼儿完成了完成初步的调查，我们在幼儿园进行了一次调查分享会。多多小朋友兴致勃勃地说："我是和爸爸一起完成调查的，实地考察发现'天津之眼'原来建在永安桥上，以前我们都忽视了永安桥，只知道天津有著名的'天津之眼'。""我发现古代的桥有很多都是拱形的，现代的桥的形状都是长长的。""我在调查的过程中想画出立交桥的样子，我发现立体的图很难画。"幼儿在分享自己的调查成果和调查过程中对桥更加了解，他们带着各种问题继续开启对桥的深入探究。

教师手记：

面对如何探究桥这一问题，幼儿进行了深入讨论。在此过程中，我一直在静静地观察，并未进行过多干预。大班幼儿思维活跃，在经验充足的情况下，我会给予他们充足的思考和讨论时间。在这一环节中，我建议幼儿可以制作调查记录表，这是因为本班幼儿已有过调查记录的经验。在秋季开展的"小小建筑师"的活动中，幼儿已经学会用简单的符号、图画等方式进行记录和表征，这为幼儿对桥的探索调查提供了很好的经验基础。因此，在讨论中，师幼很快设计好了桥的调查表，采用主题探索调查表的形式，真正体现以幼儿为主体，这为后续的"师幼探桥"和"亲子寻桥"的探究打下了基础。

在"师幼探桥"中，我带领幼儿近距离、多感官地观察了南开园里的桥，让幼儿通过直接感知和参与，激发对桥的探究欲望和好奇心，将自己发现的问题分享给其他小朋友。而"亲子寻桥"则是因为在班级的讨论中，有幼儿提出他的爸爸懂得很多天津的建筑，他经常跟着爸爸去欣赏天津一些出名的桥。我想，由家长带领幼儿寻找天津的桥，这正是家园合作的意义所在。

令我惊喜的是，在分享调查表的时候，许多幼儿对调查表的设计提出了问题：桥的种类有很多，但是探索调查表格上的位置是有限的。他们对此又提出了自己的建议，例如：可以按照桥的功能分类，也可以按照古代的桥和现代桥分类，还可以按照造桥材料来分成石拱桥、铁索桥、木桥、立交桥等。

三、我们一起建造桥

上一周探索桥的成功，赋予了幼儿们新的动力。那么，如何建造桥？从哪里开始？幼儿们提出了不同的看法：要有设计阶段，要有收集材料，要工程人员施工，要工程验收，要刷漆……嘉禾小朋友说："我们之前在建造房子的时候要有设计图纸,我认为建桥也要设计图纸。"思思小朋友说:"我想设计一座古代的石拱桥,我的家乡有漂亮的石拱桥。"东东小朋友说:"我建造完桥是不是需要验收工程来看看合格吗?"教师根据幼儿的需要,在师幼共同讨论后,最终决定开设三个区域活动:桥梁设计区、桥梁建构区、桥梁实验区。

讨论好需要开设的区域之后,我建议幼儿列出建造一座桥需要的材料清单。根据幼儿的材料清单,在各个区域投放了各类材料。

区域一:桥梁设计区

投放材料:画笔、马克笔、吸管、竹筷、雪糕棍、旧挂历、泡沫、纸板、金属丝、牙签、各色卡纸、彩带、毛线、扭扭棒、双面胶、剪刀等。

在这一区域中,我协助幼儿确定好要建造的桥的种类和样式、选择什么样的材料,在实施过程中鼓励幼儿选取多种材料和工具,进行粘、捏、剪、折、绕等技能表现自己的设计。鼓励幼儿积极解决遇到的困难,支持同伴之间分享经验。

区域二:桥梁建构区

投放材料:中型的木制积木一套,中型的塑料积木一套,各类纸箱、纸筒等。

在这一区域中,我在幼儿已有经验的基础上,引导幼儿合作、协商、创造、发明的愿望,鼓励幼儿大胆设想,体验桥梁建构成功的快乐。

区域三:桥梁实验区

投放材料:四张八开图纸、记录表格人手一份,小画夹子八个、木制积木若干块。

在这一区域中,我引导幼儿用记录的方式记录实验的结果。幼儿经过一番努力进行了多次实验,发现不同的桥面实验得出结论,桥面大小不同,承重也不同;不同的桥墩距离实验得出结论,桥墩距离和承重有关。

教师手记:在上周,幼儿已经通过调查和参观等形式,了解各种各样的桥建筑,并初步了解不同种类桥的特征,包括石拱桥、铁索桥和立交桥等。同时,为了提高幼儿的观察能力,我与幼儿、家长共同收集有关"桥"的图片资料,布置了关于"桥"的主题墙,为幼儿提供了各种各样的桥的图片,引导幼儿对桥外观、造型进一步思考。乐乐小朋友说:"我发现古代的桥与现代的桥有很多不一样的,古代桥是过人的,现代的桥很多都是过汽车的。"

幼儿拥有相关桥的经验之后,请他们在本周讨论出要建造桥所需要的三个区域。他们分工明确,都选择了自己感兴趣的区域。我根据他们的要求,为他们在各个区域都投放了适宜的材料,幼儿在这一过程中显示出了高度的合作精神。

在经历了设计桥、找材料、改设计、施工等一系列的环节后,幼儿的搭建作品中有了桥的模样,幼儿开始演示自己的桥作品。出现了幼儿发现自己的桥面不牢固,不能稳稳地屹立等问题,每当有新的问题,我会引导幼儿带着问题去讨论,鼓励幼儿不断改进自己的作品。在桥的操作过程中,桥面连接从开始用胶水粘,到改用双面胶粘,再到改进成用铁丝拧接,这些经验改进都是在不断的尝试中完善的。

四、我们一起办桥展

教室里已经展示出了幼儿搭建的各类桥,孟孟小朋友提议可以邀请其他班的小朋友来我们教室参观。我启发幼儿:"想不想让幼儿园的老师和小朋友们都看到我们的桥?"喜欢表现的幼儿马上同意了我的提议。

说干就干,我很快组织了幼儿讨论:展览会上都有哪些工作人员?他们负责什么工作?小朋友如何分工?邀请谁来参观?谁去邀请?怎么邀请?怎么布置幼儿园的桥展会?怎么摆放作品?桥展开放时间?展会的海报怎么设计?展会的入场门票怎么设计?参观者怎样为喜欢的作品投票?基于这些问题,幼儿很快调查了展览馆的相关知识,他们为桥展设计了入场券、标牌和海报,并根据大家的讨论结果进行展览会的布置。

　　根据幼儿的兴趣,我将他们分为三组:A 组负责邀请弟弟妹妹参观展览会,给弟弟妹妹讲解参加展览会的流程及检票环节,同时要告诉他们怎样为自己喜欢的作品投票。B 组负责做讲解员,在讲解过程中要介绍作品名字、作品设计过程及制作材料等。C 组负责带领弟弟妹妹进行制作,让弟弟妹妹对桥的创作产生兴趣。三组幼儿在活动后及时进行了交流,统计出了最受欢迎的桥作品,体验分享的快乐与成功喜悦,如图 6-29。

图 6-29　桥展活动中的幼儿

　　教师手记:在办桥展的过程中,幼儿的分工协作更加熟练,可以看到他们已经形成了一个紧密、有序的小团队。幼儿亲身经历了建造一座桥之后分享自己的感受。"我们之前觉得建桥挺简单的,不就是弄两个棍子和几个木块排成一排就行了,后来我自己做完了,才发现是很复杂的工程。""我发现展览馆的讲解员需要懂很多知识,因为我给别的讲的时候会有各种各样的问题,我们还需要不断地学更多的东西。"能够克服困难、勇于探索、乐于分享与合作,我想这就是他们在"造桥"游戏中最大的收获。

五、教师的思考

(一) 源于幼儿生活的、感兴趣的游戏更易开启幼儿探究之旅

"我身边的桥"是幼儿在搭建游戏时自发形成的,幼儿对桥的关注源于幼儿的实际生活。这是因为南开大学幼儿园坐落在环境优美的大学校园里,有着得天独厚的地理位置和人文环境,学校的东门有紫光桥,西南门有崇明桥,校园毗邻八里台立交桥和王顶堤立交桥,漫步在南开园也能看到各式各样桥的建筑。可以说,高校丰富优美的教育环境和资源,为幼儿提供了独特的想象世界。整个游戏过程都与幼儿的生活活动息息相关,幼儿入园、离园时经过的桥都成了他们画纸上的设计稿、成了他们搭建的小桥梁,幼儿真正玩在其中、乐在其中、悟在其中。

在幼儿的自发性搭建桥的游戏被教师及时捕捉后,幼儿的兴趣点和积极性都被带动起来,他们能够主动推动着游戏进行。在游戏过程中,我始终作为一名引导者,支持着幼儿深入探究下去。我不断把问题抛给幼儿,通过适时提问和引导支持他们主动探索,鼓励他们解决问题。幼儿惊喜于自己的想法能一步一步实现,促进着他们的深入探究。在整个活动过程中,教师更多做到了放手,充分发挥着幼儿的主体作用,多次组织幼儿进行讨论,充分尊重幼儿的意见,鼓励幼儿大胆假设。可以说整个活动都是基于幼儿的兴趣逐步生成的。

基于此,整个游戏分为三个部分:探索阶段——"师幼探桥"和"亲子寻桥",探寻南开园里的桥和天津的桥,了解桥的文化和建筑。用自己的方式描绘、记录、整理自己的探究调查表。搭建阶段——"我们一起建造桥",幼儿通过"我是小小设计师""我是桥梁建造师""桥梁小实验""身体搭桥"活动,幼儿自己列出材料清单、自己设计图纸、同伴合作建造的过程中对桥有更加深入地了解,发挥幼儿的主动性和创造性。分享阶段——

"我们一起办桥展",幼儿通过"探秘展览馆""布置我们的桥展""桥展的新发现"活动,体验分享的快乐与成功喜悦。

(二)教师的支持策略促进游戏的深入

在活动中,教师进行了多种支持策略:

第一,教师适时退出,培养幼儿主动探究的能力。在组织桥的主题游戏中,我不断地反思:是否为幼儿创设了真正的游戏环境?是否放手让幼儿自己去游戏?幼儿在游戏中自己探索解决问题的方法时,教师是否过多地干预?

游戏实施过程中,我改变了传统的教师"教"与幼儿"学"的理念,与幼儿共同创设探究式的科学环境,让幼儿从直接感知、实际操作、亲身体验的方式,在尝试的过程中获得直接经验,在真实的情景中主动地发现问题,探究问题、解决问题。幼儿才是幼儿园真正的主人,当他们被支持、被赞赏时,才完成了真正意义上的学习和发展。

第二,提供多种材料支持幼儿游戏。在活动的不同阶段,教师积极为幼儿提供了所需材料,如调查表、各类桥的图片、马克笔、吸管、牙签、木质积木等,这有效地推动了活动的深入。

第三,充分利用家长资源,实现家园共育。南开大学幼儿园有着独特的家长资源,能支持我们的活动更加深入地开展下去。在活动初期,我鼓励家长带领幼儿查阅资料,实地考察、感受和了解桥的功能和意义,许多家长便带领幼儿近距离参观了不同的桥。可以说,家长的参与推动着幼儿对桥的深入探索。

(三)游戏的推动让幼儿获得了多方面的发展

在桥的主题游戏中,幼儿是主动的、专注的、兴奋的,伴随着深刻的体验和积极的情感。其实搭建桥的整个过程充满了挑战,他们尝试构图、尝试用不同材料搭建。有的时候,他们构思的材料并不合适;有的时候,区域小组的意见又不统一。但让我惊喜的是,幼儿都能进行友好协商,能在区域合作中自觉遵守规则,他们展开想象、积极讨论、勇于反思,在适当的时候寻求老师的帮助。整个设计、搭建过程都培养着幼儿的动手能力、合作能力、探究能力和不畏困难的勇气。

此外,在举办桥展的活动中,每名幼儿都专注自己的角色,是投入和兴奋的。在桥展中,幼儿一个个化身小小解说员,能够条理清晰、有重点地分享自己关于桥的调查研究,语言表达能力也得到了进一步发展。

(案例提供:康培培)

第三节 教育智慧：观察、记录、感悟

一、观察——学会用"心"感知

（一）为什么观察儿童

观察是教师了解幼儿最便捷、最常用的一种方式。幼儿身体、语言表达、社会性、情感、审美与创造、认知与思维等诸多方面的发展信息，都可以通过观察来获得。观察能够使教师获得很多平时忽略的关于幼儿的诸多细节，有研究者指出，"对幼儿的了解和理解是一个神奇的过程。如果仅仅是和幼儿在一起，即便终己一生，其对幼儿了解的深度，也不及对幼儿片刻的观察和记录，和幼儿在一起时，我们不妨退后一步，不带偏见地、尽可能客观地看待他们，只有这样，我们才能看到幼儿的真实面貌和实际能力"①。这些具体细节的获得，可以帮助我们更客观、更深入地了解和评价幼儿，从而根据对幼儿的了解和评价，制定更加切合实际的课程方案和课程决策。

观察幼儿具有如下的价值：

1. 为教师制订教育教学计划做依据。

2. 使教师能够为每一个幼儿制订恰当的教学计划，促进每个幼儿在原有水平上的发展。

3. 能够使教师了解到幼儿能够做什么，而非不能做什么，有助于教师

---

① ［美］贝蒂.幼儿发展的观察与评价第 7 版［M］.郑福明等译.高等教育出版社，2011.11.

发现幼儿身上的闪光点,进而树立科学的儿童观。

4.保证教育目标的落实,促进幼儿的全面发展。

5.教师通过有目的、有计划的观察和谈话交流的方式,可以在教育进行中及时把握幼儿发展的阶段,发现幼儿发展和教育目标的差距,从而适时改进教法、调整教育内容。

6.为教师与家长沟通提供决策参考数据。

7.观察有助于教师的专业发展,使教师更多体会到职业幸福感。

公能根基教育将观察作为日常教育活动的一项重要议题,教师对每名幼儿进行观察记录,以此作为幼儿发展水平评价与课程设计的依据,在观察幼儿的过程中,教师不断反思,不断获得专业成长与职业幸福感。

(二) 如何做好一个观察者

1.要有观察的意识和习惯

要做好一个观察者,首先要有观察的意识并养成观察的习惯。有教师反思到:"我们一直走在观察、分析、计划、行动"的路上,在前期,我不太习惯观察和记录,每当给幼儿做评价时,往往只是凭借着记忆,往往漏掉了很多细节的东西。这段时间以来,我意识到观察记录的重要性,深深觉得观察与不观察,分析的深浅和角度就是不一样。观察对于幼儿的成长和我自身的专业成长真的是至关重要。"教师要养成随机观察、善于观察细节的意识和习惯。观察的细节越多,教师对幼儿的了解就越接近真实,教育就会进入一种游刃有余、如鱼得水的状态。

2.观察要有目的

观察必须有具体的目标和计划:观察什么？是观察幼儿在做什么,还是观察幼儿在使用怎样的材料？是观察幼儿的语言,观察幼儿的情绪,还是观察幼儿的社会性发展？在观察之前,教师心中需要有清晰的目标。

3.观察要有一定的准备

做好一件事情,除了要有明晰的目标,还要提前做好计划和准备。开展观察工作需要做好下面几项的准备:

(1)确定好观察的时间:在区域活动时间、集体活动时间、户外活动时间,还是生活活动时间? 本次计划观察 5 分钟还是 10 分钟?

(2)确定好观察记录的方式,并根据需要准备观察记录的工具:记录表、录像机等。

4.观察要讲究一定的策略

(1)不要提前告诉幼儿我们要对他进行观察,尽量避免引起幼儿的注意。当然一开始教师总会引起幼儿的注意,围到我们身边问这问那,这需要一个过程,慢慢地幼儿就会习惯,视我们为"隐形人"。

(2)在观察时要注意到不干扰幼儿的活动。

(3)观察的时候,可以坐着、可以站着,也可以根据情况随处走动。

5.要了解幼儿不同发展阶段的目标及顺序

熟知《3-6 岁儿童学习与发展指南》中各年龄阶段幼儿的发展水平和学期末应该达到的典型表现,以此作为观察幼儿的依据。

二、记录——走向"以学定教"

观察记录是观察工作非常重要的一环。只有观察,没有记录,就会让观察的价值和功效大打折扣。正如瑞吉欧教育所说,"记录本身是一种支持教育过程的程序,是一种互动学习的过程。教师透过对幼儿工作记录的点点滴滴,在分享幼儿学习经验、学习方式的同时,自己也在不断地阐释某种理论,在不断地修正某些假设。记录也促进教师与幼儿之间产生适时和明显的交互作用,从而提升教师与幼儿沟通、交流的品质,所以记录能使教师不断地分析、不断地向幼儿学习,在与幼儿一同学习中获得教学相长的经验。"①

(一)观察记录书写的基本方法

1.书写观察记录

书写观察记录的基本方式就是叙事,即从头到尾客观地描述一件事情的发生、发展过程。游戏故事可长可短,描写应有重点,详略得当,突出有"典型意义"的事件,不要写"流水账"。观察记录在书写的时候可以采用"叙述+分析+反思"的三段论式,也可以采用"夹叙夹议+反思"的两段论式。

2.图片故事记录

指教师通过图片来反映幼儿的游戏过程。为方便大家阅读,教师可以在每幅图片下面写上几句话。

3.便笺条记录

指教师在带班期间随身携带一个便笺本,将对幼儿的观察随机记录在便笺条上,有时间时稍做整理,也可以将其当作非正式的观察记录。

4.视频、录音记录

指教师把幼儿的游戏过程录下来,当作游戏资料保存起来。原来我们一直把视频和录音当作记录的辅助工具,其实,视频和录音本身就是记录的一种方式,而且是最真实、最形象的一种记录。采用视频、录音的方式记录更有助于研讨和交流。

(二)观察记录的一般构成

如果采用叙事的方式做观察记录,一篇观察记录应该包含以下几个要素。

---

① 屠美如.向瑞吉欧学什么:《儿童的一百种语言》解读[M].教育科学出版社,2002.

1. 观察记录名称

就像写作文需要题目一样,观察记录也需要一个题目,但题目不要起得太大,且应具有一定的指向性,如"小水渠延生记""南小开剧场表演记"等。

2. 观察目的

在做观察记录时,不能够将其孤立于课程之外,应该把观察记录与幼儿评价、环境材料投放、教师指导、教学计划等联系起来,以更好地改进教育教学工作。

如:益智游戏区新投放的五子棋材料的适宜性。做观察记录时可以记录每天来玩的幼儿人数、幼儿持续玩的时间、幼儿的玩法、幼儿玩的过程中遇到的问题,以及他们解决的办法,等等。连续观察了大约 5 天后就可以评判五子棋材料的适宜性。

3. 观察时间、地点

记录观察时间有助于教师更好地评价幼儿在游戏中的行为。比如,9月份的观察记录,记录的内容是幼儿刚入园的情形;而 6 月份的观察记录,记录的可能是已入小班近一年,即将升入中班的幼儿。

虽然都是小班的幼儿,但他们的行为表现可能差异巨大。之所以记录观察地点,是因为这是幼儿的游戏行为发生的背景之一,而幼儿在室内和在户外的游戏行为也有很大的差异。

4. 观察对象、观察人或记录人

教师在写观察记录内容之前写上观察对象、观察人或记录人,有助于别人一目了然地了解观察记录的基本信息。

5. 观察内容

观察记录的内容是观察记录最核心的部分,教师应客观、准确地描述幼儿游戏的全过程。

6.解读幼儿行为

客观描述幼儿的游戏之后,教师应对幼儿的行为进行专业的分析,这个过程需要教师运用儿童发展心理学理论和相关的教育理论。对于很多教师来讲,这可能有些难度,却是做好观察记录必需的一部分。

记录不是为记录而记录,而是为了更好地了解、评判幼儿的发展,以便为其提供更适宜的课程和教育策略。

三、感悟——成为"反思实践者"

在观察记录与解读完幼儿的行为之后,教师应该对自己创设的环境、提供的材料、介入的指导等进行反思,寻找存在的问题,并探寻后面继续支持幼儿发展的具体策略。

教师要留出足够时间,对观察记录结果进行反思,也可以和同事一起交流。

教师需要花时间回顾自己所做的观察记录,思考每名幼儿获得的发展成就,对接下来应该采取的教育策略做出规划,支持儿童的成长和发展。

教师需要为反思制订计划,为自己留出回顾记录内容的时间,这样做能够使观察结果在教师与幼儿的互动中得到有效运用。

教师需要花时间针对每名幼儿的表现考虑以上问题,并制订相应的教育计划,这样做能够使教师越来越了解幼儿,教师的工作也会变得越来越简单,因为教师能够非常清晰地解读幼儿发出的信号,预见问题并加以预防,把工作建立在幼儿以往取得成就的基础上,帮助每名幼儿获得成功。有时候,反思时间也是教师唯一可用来记录观察结果的时间,教师应当充分地利用这个时间来做记录。

新教师反思手记

本学期,我在公能根基教育理念的引领下,继续给予幼儿自由成长的空间和前进的方法,幼儿的点滴变化与成长体现于我们的班级日常中。如户外活动开展传统游戏滚铁环、跳皮筋,幼儿由初步的兴趣到探索玩法再到自主设计路线,从不会玩到玩转传统游戏用了一个月时间。区域活动根据每名幼儿的不同特点划分兴趣小组,制定项目计划书,共同探索感兴趣的图书馆、南开建筑等,最终完成项目海报,在区域游戏中呈现了我们的成果南小开图书馆、迷你版南开建筑。

一日生活皆教育,一切教育见生活。有一次小朋友画一幅代表自己的标志画,铸铸画了一棵大树,他说我是大树冬冬啊,在中班绘本剧《冬冬的落叶》中他饰演大树。有一次班里在种植地里收了一筐花生,回来以后果果和我说想要一颗花生带回家,我问他带回家做什么?他说我要把花生带回家压扁晾干放两天,再压膜穿线做一个花生书签,就像我们在中班做的干花书签一样。有一次在厕所,两个小朋友争执起来,班里平时挺调皮的一个小朋友昇昇出面调解说:"我们要用语言来解决问题,不能动手解决问题。"他们有时候会神采飞扬地跷起大拇指对别的小朋友说:"真棒啊!我给你点赞。"他们有时候会放学后在幼儿园门口等我,只是为了再和我说声再见。慢慢地幼儿的身上有了我的影子,我也越来越像他们。

其实这些事情还有很多很多,每当我想到这些,我就会觉得我做过的和正在做的教育工作都是有价值的。我也从中真正体会到了教育不是一件掷地有声的事情,我们要静待花开。同时这也激励我要不断前行,不能停止与幼儿一起成长进步的脚步。

（教师:冷宜芳）

第七章　繁花似锦始绽放

——公能根基课程评价

在公能根基的课程评价中,园所关注个体差异,将终结性评价与形成性评价相结合,重视评价指标的多元化、评价方法的多样化和评价主体的多元化。

第一节　公能根基课程评价的原则与意义

一、公能根基课程评价的原则

为了保证公能根基课程评价的效果,提高课程评价的质量,在课程评价的过程中必须遵守一些基本原则:

（一）科学性的原则

科学的评价首先要有正确的指导思想和评价标准。公能根基课程评价的指标与《幼儿园工作规程》的精神和原则相一致,避免用不适宜的评价指标干扰幼儿园课程。幼儿园课程评价是一项涉及课程各个方面的工作,虽然涉及儿童发展评价,但儿童发展评价不能代表一切,更不能代替对课程本身的评价,不要把二者等同起来。此外,课程评价还应讲求实效性,为改善和提高教育质量提供有用的信息,防止形式化。

（二）发展性的原则

发展性原则指评价应有利于改进与发展课程,有利于促进幼儿的发展和教师的专业成长。课程评价的目的在于调整和改进公能根基课程,因此要着重发挥其诊断、改进课程的作用,不宜把评价仅仅作为教师工作或幼儿发展水平的鉴定手段。幼儿园教育实践中的课程是开放的,课程在设计—实施—评价—研究—再设计,这样循环往复的过程中不断发展、不断完善。课程评价应注重幼儿的活动过程,除了真实地反映幼儿的发展外,还需要在活动过程中进行评价。

（三）全面性的原则

全面性原则指评价不应局限于课程的某一方面,而应涵盖课程的各个方面,据此做出完整的价值判断。公能根基课程是幼儿园各种活动的总和,关注幼儿在幼儿园活动中的全面发展。课程评价就是针对课程的特点和组成要素,通过收集和分析比较全面的资料,科学地判断课程的价值。评价内容包括对课程理念、课程目标、课程内容、组织形式、教育环境等,特别是对教育教学过程的实际运行状况的评价,如师幼关系、师幼互动、教育资源的利用等。课程评价不仅要对幼儿发展结果做出评价,还要对教师的教育理念、活动组织形式、师幼互动质量做出评价,力求全面剖析课程各方面的价值。

（四）多样性的原则

多样性原则指评价的方法和手段应广泛和多样。在公能根基课程评价中,为了使评价更具科学性,需要综合运用多种方法和手段。

一是量化评价和质性评价相结合。量化评价科学客观,但量化评价不能测量许多难以量化的内容,如师幼关系、师幼互动质量、幼儿态度与情感方面的发展与变化等;质性评价能较好地弥补量化评价的不足,它能更为真实地反映课程实施的状况,因此在课程评价中要把两种方法结合起来使用。

二是他评与自评相结合。他评是客观性的评价,它能以一个"局外人"的角度,专业的眼光对课程质量做出客观的评价;自评是主观性评价,教师是课程活动的设计者和实施者,对课程实施情况最有发言权,既是评价的对象,又是评价的主体。

一方面教师作为评价的主体参与课程评价,有利于发现问题、总结经验,充分发挥评价对课程发展的作用;另一方面教师对课程实施情况进行评价,也是自我认识的基本手段,能使教师对自己的专业素质、专业能力有更清楚和正确的认识,有利于提高自我分析和自我反思的能力,充分发挥评价对教师专业发展的作用。

三是形成性评价与总结性评相结合。评价的真正意义是改善课程,促进幼儿的发展,促进教师的专业成长。所以评价应该是一项经常性的、不间断的工作。形成性评价是过程性评价,通过形成性评价,教师不断改进和调整课程实施过程。总结性评价是回顾式评价,它是对课程所获得的效果进行评价。它们各有侧重和特点,两者有机结合,可以形成一个整体的评价系统,为课程的改善提供比较全面的资料和信息。

二、公能根基课程评价的理论基础

公能根基的课程评价强调真实性评价和情境性评价,强调搜集幼儿成长的关键性证据。在评价体系设计的过程中,园所学习借鉴了以下评价理论和评价体系:

（一）作品取样系统

作品取样系统是一种表现性评价，它以教师在日常情境中观察儿童积极从事与创作作品的经验为基础，提供一套方法来认识及监督幼儿在社会、情绪、体能及认知方面的进步与成长。作品取样系统由密歇根大学教育学院的麦索尔斯与其同事研发而成，是专门为幼儿园和小学设计的儿童学习发展评价系统。

作品取样系统的评价包含三个基本部分：发展指引与发展检核表、作品集以及综合报告表。在作品取样系统中，教师对收集的评价资料及对幼儿整体表现的评价，一年需整理三次（学期初、学期末、学年末）。

作品取样系统注重评价幼儿的学习过程，而不是学习的结果；注重评价与教学的有机联系，而不是脱离或中断学习过程进行评价；注重幼儿学习能力、学习态度、情感价值观等方面的发展，而不只是评价幼儿的知识技能。它促使教师了解和认识幼儿独特的学习风格并加以鼓励，而不是以单一的评价方式来区分成就高低。作品取样系统能促使儿童与家庭都积极地参与评价的过程。

作品取样系统提供了一个系统化的评价框架，使教师对儿童的评价既全面又深入。它所提供的结构性评价框架，以多样化的方式记录了儿童在不同时间里多个学习领域的技能、知识与综合能力。在作品取样系统中，发展检核表以儿童的发展知识与国家课程标准为评价准则，观察记录儿童在各个方面的成长；作品集以视觉的方式，直观地呈现儿童各类作品的品质以及儿童的进步；综合报告表则将上述资料编成一张精确的报告表，报告儿童在不同发展领域的发展水平、进步情况、优势、存在的问题和发展建议。

（二）高瞻课程评价体系

高瞻课程的评价工具主要有学前儿童观察记录（COR）、学前课程质量评价（PQA），同时还借鉴美国阅读小组、美国早期读写小组提出的读写关键领域，从而形成了《早期读写技能评估量表》（ELSA）。

1.《儿童观察记录量表》（COR）

《儿童观察记录量表》是一个以观察为基础的评价工具，能为儿童所有领域的认知和能力的发展提供系统的评价。它包括《学前儿童观察记录量表》及《婴儿——学步儿童观察记录量表》，前者适用于评价2.5至6岁的儿童，后者适用于评价6个星期至3岁的婴幼儿。

《儿童观察记录量表》由儿童的发展条目构成，每一个观察条目下包括一份观察清单。观察清单是根据不同年龄阶段儿童在不同发展领域中的关键发展性指标提出的。《学前儿童观察记录表》《婴儿一学步儿童观察记录表》各自涵盖6个条目，分别有32个观察项目和28个观察项目，每个观察项目下有从简单到复杂的5个发展水平。

使用《儿童观察记录量表》时，填写者需是经过高瞻项目培训、接受过轶事记录和计分训练的人。填写完后，找出相应的策略，促进和扩展儿童在已有水平上的学习。

2.《项目质量评估表》（PQA）

高瞻课程中有对儿童发展进行真实性评价的工具，对自身的项目同样有系统而有效的评价工具——《项目质量评估表》。《项目质量评估表》是一个用于评价早期教育项目质量和确定教师培训需要的工具，主要从以下两个方面进行评估：其一，结构—教室：如何创设学习环境，在计划日的时候发生了什么？其二，过程—成人：如何和儿童互动、计划和实施有意义的学习经历，教师如何和家长联系。

3.《早期读写技能评估量表》（ELSA）

教师在了解每个幼儿或是整个班级的读写水平时，符合信效度标准的《早期读写技能评估量表》是一个有力的工具。《早期读写技能评估量表》是用儿童故事的形式开展对3至6岁儿童标准化的真实评价，评价内容主要包括理解、语音意识、字母原则、文字概念这 4 个早期读写技能的关键领域。

（三）新西兰学习故事

学习故事是一套来自新西兰的儿童学习评价体系，由新西兰早期教育专家卡尔教授和他的团队研究发展而成。在新西兰各类幼教机构中，学习故事被广泛地用来帮助教师观察、理解并支持儿童的持续学习，同时记录每一个儿童成长的轨迹和旅程。

新西兰幼教工作者认为，儿童一出生就是"有能力、有自信的学习者和沟通者"，是积极的、有着蓬勃生命力的。因此，在对儿童进行评价时，也需要让儿童看到自己是"有能力、有自信的学习者和沟通者"。基于此儿童观，教育者认为，教学始于观察儿童的学习注意，尽力去分析和理解它（识别），然后好好利用识别的信息来有效计划和支持儿童进一步学习（回应）。在学习故事中，用文字和图片记录下来的三步评价过程可被视为"正式的评价"，很多没有被记录下来的注意、识别、回应过程被称为"非正式评价"。"非正式评价"是教师们每天都在做的事情，不断用注意、识别、回应这套思维和行为模式与儿童一起学习和生活，不仅能促进儿童进一步学习，还能帮助教师发展即时、专业的回应儿童的能力。而分享那些记录下来的"正式的评价"——学习故事，则能够让幼教机构中所有成员注意、识别、回应儿童学习的能力变得更强。

注意：教师运用故事或者照片的形式对儿童学习的观察，记录下来"哇"的时刻或"魔法"时刻。

识别：教师对学习的分析、评价和反思，如："我认为我在这个情境中看到了什么样的学习？""关于壮壮，我今天又有了哪些新的认识？"

回应：教师为支持儿童进一步学习制订的计划，如"为支持、促进和拓展儿童的学习，我们还能做些什么？"

在不断的注意、识别、回应中,所有人都有可能随时随地观察、解读并支持和促进儿童的学习。学习故事不仅将教师的视线聚焦在每一个儿童身上,记录那些学习过程中的"魔法"时刻,那些儿童能做的、感兴趣的事情,还能引导教师们讨论儿童的学习,对教和学进行反思,制订儿童支持计划,并通过阅读和回顾那些充满"魔法"的学习时刻,让儿童参与自我评价,和家庭成员分享信息和经验。

（四）档案袋评价

档案袋评价又称为文件夹评价,指的是收集儿童在学习过程中有代表性的作品和典型的表现记录,以儿童的现实表现作为判断儿童学习质量依据的评价方法。这种评价方法从多渠道收集资料,旨在提供有关幼儿学习的实际水平的各种材料,重视儿童发展的过程,能从多角度、多侧面来判断儿童的优点和发展的可能性,为描绘每个儿童的学习情况剖面图和发展过程提供了真实而详细的资料。

三、公能根基课程评价的意义

（一）提升公能根基课程的适宜性和有效性

幼儿园课程评价,是指对幼儿园课程进行考察和分析,以确定其价值和适宜性的过程。课程评价在整个课程系统工程中占有举足轻重的地位,因为它既是课程运作的终点,又是课程继续发展的起点,而且伴随着课程运作的全过程。公能根基课程评价的核心是对课程的各个要素进行科学、客观地分析和判断,包括对课程目标、课程编订和实施、教学过程、儿童学习课程后的结果等内容的评价和分析,能够为课程的实施和推广提供科学、客观的依据。

公能根基课程评价的主要意义在于了解课程的适宜性、有效性,以便调整、改善、选择和推广课程,提高幼儿园教育质量。课程评价的意义大体分为两类:一是完善原有课程,开发、发展新课程;二是管理课程,包括选择推广课程和幼儿园教育质量鉴定。

(二)发现每名儿童的潜力和特点,让其有个性地发展

公能根基课程的评价既不是为了发现小天才,也不是为了对儿童进行选拔排队,而是要发现每个儿童的智力潜力和特点,识别并培养他们区别于他人的智能和兴趣,帮助他们去实现富有个性特色的发展,为他们提供一条建立自我价值的有效途径。

(三)促进教师专业发展

公能根基课程评价的过程,是教师运用儿童发展与教育心理学、学前教育原理、社会学学科知识等专业知识审视课程方案和教育实践,发现、分析、研究、解决课程问题的过程,也是教师专业发展的重要途径。

第二节　公能根基课程对幼儿发展的评价

《3-6岁儿童学习与发展指南》的颁布,带来了幼教理念的变革,尊重幼儿、关注幼儿不再是一句大而空的口号,而是着重于研究如何将理念落实在实际操作的层面,即教育如何真正了解儿童的需求,提供相应的支持使其顺应儿童发展需求,并对幼儿发展形成客观公正的评价。教育就是搭桥,是一个将新知识(经验)和旧知识(经验)联系起来的过程。而要发现并建立这种联系,基于幼儿真实性观察的发展性评价是首要的基础。公能根基课程评价强调真实性评价、情境性评价以及形成性评价,评价是在真实的情境下,在活动过程中开展的,其目的不是要对幼儿进行比较或者贴标签,不是着眼于幼儿的缺陷与不足,而是关注幼儿能够独立完成的事情以及在外界的帮助下,在不同的情景下能够达到的水平。具体的评价流程和评价方法有:

一、真实性观察

很多教师在观察时单凭直觉,了解教室里发生什么事,谁和谁在做什么,做了多长时间,和之前比有哪些进步。但是,直觉只会告诉我们幼儿大概的发展状况,如果想要完全了解个体幼儿的需求、期望和学习需要,则必须进行专业的观察和持续的记录。观察幼儿是重要的评价方法。

二、轶事记录

轶事记录是指对时间大约为几秒或者几分钟事件的描述性记录,具体来说是指关于一个幼儿的具体事件,包括时间、地点、环境、情景、事件、幼儿行为反应等,轶事记录应该尽可能客观、完整、简洁,使得读者身临其境。轶事记录的目的是记录发生了什么,而不是猜测幼儿的意图或者陈述教师对幼儿行为做出"对"或"错"的判断。教师在记录的时候要保持中立,不做评论。

　　轶事记录应该遵循一定的格式。首先,需要有时间、地点及人物,这三项内容可以将事件或者行为发生界定在一个清晰的环境中,免去很多不必要的描述和解释;期间的人物应该是本则轶事记录重点关注的对象,当一个事件中出现不止一个人物时,作为本轶事的观察对象需要被突出强调。其次,需要有事件或者行为发生的经过,这是一则轶事记录最重要的部分,它包含幼儿说了什么、做了什么,而且需要在记录中引用幼儿的原话,记录他真实的行为。不过,在公能根基课程评价的过程中,教师对幼儿的观察和记录不是随机的、盲目的,而是借助《幼儿证据收集表》有目的性地进行记录。我们按照公能根基的五个培养目标即:强的体魄、雅的言辞、善的品行、活的头脑、美的艺趣五大领域设计了档案记录表,要求教师将档案记录在下表中,并分析案例所说明的幼儿发展目标及发展水平。

4-5 岁幼儿"强的体魄"证据收集表

□学期初　　□学期末　　□学年末

姓　名＿＿＿＿＿＿＿　　　　　　　　年　龄＿＿＿＿＿＿＿

观察者＿＿＿＿＿＿＿　　　　　　　　日　期＿＿＿＿＿＿＿

◆ "强的体魄"发展目标

（一）身体动作
　1. 拥有健康的体态
　2. 具有一定的平衡能力，动作
　　 协调、灵敏
　3. 具有一定的力量和耐力
　4. 手的动作灵活协调
　5. 能组合各种身体动作

（二）生活习惯和生活能力
　1. 具有良好的生活和卫生习惯
　2. 具备基本的生活自理能力
　3. 具备基本的安全知识和自我
　　 保护能力

（三）情绪调节
　1. 认识自己，发展自我
　2. 觉察与辨识自己的情绪
　3. 合宜地表达自己的情绪
　4. 理解自己以及生活环境中他
　　 人情绪产生的原因
　5. 运用策略调节自己的情绪

◆勾出符合本次观察背景的项目：

　□生活活动
　□游戏活动
　□教学活动

◆记录：

◆此照片、作品或轶事记录说明的幼
儿发展水平：

＿＿＿＿＿＿＿＿＿＿＿＿＿＿＿＿

＿＿＿＿＿＿＿＿＿＿＿＿＿＿＿＿

＿＿＿＿＿＿＿＿＿＿＿＿＿＿＿＿

＿＿＿＿＿＿＿＿＿＿＿＿＿＿＿＿

图 7-1　4-5 岁幼儿"强的体魄"证据收集表

三、生成发展报告单

根据轶事记录,最终形成一份针对每个幼儿的《学习与发展评价总表》,以评价幼儿某一段时间的发展状况。各年龄段幼儿学习与发展评价总表中将公能根基课程的幼儿学习与发展目标和各年龄段典型表现列为评价指标集。每个目标分为"尚未发展""发展中""成熟"三个发展程度。尚未发展指未见任何与指标相关的行为表现;发展中指偶尔发生但不稳定;成熟指已稳定地出现指标所指的行为。借鉴了"作品取样系统"的评价思路,本研究所做的评价要求每学年做三次,分别在学期初、学期末和学年末。发展报告单依据证据收集表进行。

幼儿发展评价能够帮助教师深入地理解儿童的想法、情感、兴趣、需要、倾向等,从而对幼儿的最近发展区作出较为准确的判断,进而设计出对幼儿有意义又具有挑战的学习经验。

5-6 岁幼儿学习与发展评价总表

幼儿：_____ 出生年月：_____ 性别：____ 班级：_____ 教师：_____

● 强的体魄				
一、身体动作				
（一）拥有健康的体态		学期初	学期末	学年末
1. 身高体重适宜。	尚未发展			
	发展中			
	熟练			
2. 能经常保持正确的站、坐和行走姿势。	尚未发展			
	发展中			
	熟练			
（二）具有一定的平衡能力，动作协调、灵敏		学期初	学期末	学年末
1. 在斜坡或有一定间隔的物体上较平稳地行走。	尚未发展			
	发展中			
	熟练			
2. 能预测并躲避飞过来的球或扔过来的沙包。	尚未发展			
	发展中			
	熟练			
3. 投掷和抛接物体的准确度越来越高。	尚未发展			
	发展中			
	熟练			
4. 会操作需要运用更好的协调能力的物体。	尚未发展			
	发展中			
	熟练			
5. 有目的地操作物体，能规划和照顾到更多的细节。	尚未发展			
	发展中			
	熟练			
（三）具有一定的力量和耐力		学期初	学期末	学年末
1. 能单手自如地提一定重量的物体，并持续一定的时间。	尚未发展			
	发展中			
	熟练			
2. 能在规定的时间内单脚跳一定的距离。	尚未发展			
	发展中			
	熟练			
3. 能在规定的时间内不间断地走完或跑完一段规定的距离。	尚未发展			
	发展中			
	熟练			

图 7-2　5-6 岁幼儿学习与发展评价总表

第三节　公能根基课程对课程发展的评价

公能根基的课程评价包含对课程方案的评价、课程实施过程的评价以及课程实施结果的评价,每个过程中都确定了相应的评价指标体系,具体如下:

一、公能根基课程方案评价

幼儿园课程方案是幼儿园全部或者部分课程设置的总体规划,课程方案大可指课程整体规划,小可指具体的教育活动设计。课程方案作为指导课程实践的范本,集中反映了课程改革的理念与方向,包含了课程目标、课程内容、实施意见与评价建议。

表 7-1　公能根基课程方案评价

活动方案	评价指标	是	否
活动来源	1. 活动是否符合"公能根基课程"的理念。 2. 活动是否依据教育目标、幼儿的实际水平和兴趣确定。 3. 活动是否将环境作为重要的教育资源,充分利用家庭和社区的有利条件,丰富和拓展幼儿园的教育资源。 4. 活动是否吸收了社区教育教学的特色资源。		
活动目标	1. 活动目标是否符合幼儿园的教育目标。 2. 活动目标是否符合幼儿的年龄阶段目标。 3. 活动目标是否具体、明确且可观察。 4. 活动目标是否反映幼儿经验生长的内在要求,反映问题解决的过程和结果。 5. 活动是否能促进幼儿经验增长、技能提升或新的能力发展。		

活动方案	评价指标	是	否
活动内容	1. 活动内容是否有助于幼儿从所处高校社区中获得基础的知识。 2. 活动内容是否有助于幼儿在充分利用高校资源的氛围下掌握基本的活动方式。 3. 活动内容是否有助于借助丰富的高校科学探究资源,发展幼儿的智力、科学探究兴趣及能力。 4. 活动内容是否有助于培养幼儿有情怀、有情趣、有爱人之心的情感态度。		
活动过程	1. 是否创设丰富的、便于幼儿操作的环境。 2. 是否关注幼儿在活动中的反应。 3. 是否为幼儿的个性化发展创设条件。 4. 是否根据本年龄段幼儿的年龄特点与本班幼儿的兴趣需要,在教育教学情境中生成课程。 5. 是否利用教科研活动,对活动本身及实施效果进行交流分享。		

二、公能根基课程实施过程评价

课程实施过程指的是幼儿园教师将课程计划转化为具体教育行为的过程。如果说在课程方案中,课程目标、课程内容和方法都只是以文字的方式存在,而在课程实施过程中,课程目标、课程内容与方法就以实际、真实的师幼活动的方式存在。课程实施过程就是幼儿园的人、事、物与幼儿相互作用的过程,是影响幼儿发展的重要因素,是衡量幼儿园教育质量的重要维度。

表 7-2 公能根基课程实施过程评价

指标体系	评价项目	等级程度		
幼儿在课程活动中的反应	1. 对新内容的兴趣。	高	中	低
	2. 主动参与的程度。	高	中	低
	3. 内容的接受和理解程度。	高	中	低
	4. 学习中的独立性和创造性。	高	中	低
	5. 互动与合作性。	高	中	低
	6. 常规与秩序。	高	中	低

续表

指标体系	评价项目	等级程度		
教师的态度和行为	1. 鼓励幼儿探究和提出问题。 2. 促进幼儿主动学习并且允许幼儿做出有意义的选择。 3. 及时根据幼儿的反应灵活调整课程。	高 高 高	中 中 中	低 低 低
师生互动质量	1. 对幼儿情绪情感的关注。 2. 对幼儿观点、想法及兴趣的接纳、理解和支持。 3. 对幼儿间相互沟通和问题解决的支持。	高 高 高	中 中 中	低 低 低
学习环境	1. 为幼儿提供自然的学习机会和环境。 2. 活动组织贴近生活,游戏性强。 3. 通过直接感知、实际操作和亲身体验的方式帮助幼儿获取经验。	高 高 高	中 中 中	低 低 低

三、公能根基课程实施效果评价

公能根基课程实施效果评价是指课程实施后所导致的变化,一般包含课程对幼儿发展、教师工作、家长观念等方面所产生的影响。由于幼儿园课程服务的首要对象是幼儿,因此幼儿基于课程学习所获得的发展是衡量课程实施效果的最好标尺。

第四节 公能根基课程对教师发展的评价

教师不仅是课程的组织者,也是课程的开发者和研究者。教师的教育行为,直接影响着课程的实施效益和幼儿的发展。

作为幼儿园最持久的财富,每一位教师都被寄予厚望:做内心温暖的人,用智慧启迪智慧,用爱心浇灌爱心。如何守护每一位教师对教育事业的热情和自信,是我们一直在思考的问题。

管理的本质是激发善意,凸显情感特色的评价制度是幼儿园发展的有效推手。在《指南》的指导下,"做有温度的内部质量监控与评价"的实践,让南开大学幼儿园的整个生态系统中创造出了更加信任、包容、支持的氛围。在坚持"互动性、发展性、科学性、激励性、过程性"评价原则的基础上,教师对评价方式、评价结果、评价对象和评价过程不断优化,教师获得了更多的自主空间和成长机会,树立教育的自我认同和价值认同,也让课程焕发活力。

一、秉持互动性原则,让评价方式温暖有力

教师评价中,最不能忽视的就是教师对评价的感受,即评价给教师带来的是压力还是动力。在很多学校对教师常态监控的手段中,"推门课"是绕不过的"压力之源"。园所对教师的评价采用"预约"的方式进行,如表7-3所列。

表7-3 公能根基课程评课制度

推门课		预约课
将教师摆在了被动的位置,慌乱中甚至难以发挥应有水平。 被考核者被懊恼、担心的情绪笼罩。 不能有效捕捉教师保教工作中存在的真正问题。	V. S	预约时间,教师从教材分析、活动设计、师幼互动等方面做积极思考,前期准备唤醒了教师参与评价的主体意识。 考核者能发现教师的亮点与不足,总结共性问题。 教师带着对自己的认识从容地面对考核者的目光,带着对活动设计的疑惑迫切地期待师长的指导。

从"推门课"到"预约课",评价方式的变化激发了教师的主动性,教师成长内驱力充分被调动,开放、接纳的态度带给她们教育自信的升温,由此催生了更多的连锁反应。

二、分层多元评价,瞄准教师成长需求

教师的专业发展和成长是有规律的,只有科学评价才有助于不同发展阶段的教师成长。不同的评价标准让每一个评价对象都能成为真正的主体。

公能根基的教师发展评价瞄准了不同发展阶段教师的成长需求,相应评价目标也有侧重。教师队伍梯队评价表的编制记录了教师的成长过程,过程评价与终期评价相结合,既关注教师队伍建设和团队管理,也关注教师个人发展取得的各项成果,持续改善保教行为。

适应型教师重在于"扶",发挥潜力,保持不断学习的热情;

骨干型教师重在于"扬",给予机会,形成自身的教学特色和亮点;

成熟型教师重在于"放",强调在稳定中寻求突破。

评价的效用在于评价的科学性。跳一跳够得着的果子才诱人,教师也有"最近发展区",不随意拔高,避免"一刀切",让教师以能够理解和接受的方式循序渐进地成长,带来专业自觉的升温,是分层评价的价值所在。

三、运用过程性原则，让评价途径丰富多元

对教师保教质量的监控评价不仅体现在"看得见"的环创和活动中，还活跃在"看不见"的儿童观和教育观中。教师的成长是一个完整的过程，观念引领实践，实践带来观念的更新。公能根基课程注重对教师观念的引导和监控，在教研活动中不断研讨。

教师在游戏中记录幼儿的言行举止、分析幼儿的游戏水平——这是看到儿童；在游戏中教师借助检核工具反观自身言行对游戏的影响——这使得教师不断反思且看得懂儿童。

第八章 蓓蕾则需园丁护
——公能根基课程的教师成长

第一节 促进教师专业成长的课程管理机制

一、幼儿园课程管理的原则

任何管理活动均是以组织目标的实现为导向,幼儿园管理的目标应是促进幼儿、教师及幼儿园的可持续发展,其中幼儿的发展是最核心的目标。幼儿园管理包含不同层面的管理,如行政管理、安全管理、后勤管理、资源管理、教职工队伍管理等。为实现高效的管理,就必须厘清和明确管理活动中的核心内容。我们认为,幼儿园课程是幼儿发展的载体,幼儿园的重要任务是为幼儿提供适宜的课程,因此幼儿园课程管理应成为幼儿园管理的核心。幼儿园课程管理涉及幼儿园方方面面的事务和人员,需要不同层面、不同部门相互配合、积极参与,以课程的开发、研究、实践作为工作的基本方向,一切服务于课程建设,一切以幼儿的发展作为出发点和落脚点。

二、幼儿园课程管理的机制

幼儿园课程管理的目的是促进幼儿园课程创生。幼儿园课程创生是指幼儿园教师主动根据幼儿的兴趣、需要和发展现状,结合幼儿园已有资源,创造性地开发和实施相应的课程,以有效促进幼儿多方面经验的增长和建构,实现幼儿全面、主动又富有个性的发展的过程。一种先进的课程理念运用于幼儿园课程实践,必然会引发相应的课程管理的改革,同时也需要相应的课程管理机制作为保障。

(一) 幼儿园管理者的支持与引领:幼儿园课程创生的重要
支持力量

课程实际上是一种教育行动纲领,它决定着具体教育教学实践的方向和基本模式,因此常常需要对各种教育要素进行有效的协调和管理。对于幼儿园课程创生而言,其根本宗旨是"为幼儿园发展服务",作为指导幼儿园日常教学活动的一种行动纲领,必须得到幼儿园管理者对各种课程要素的管理和协调。可以说,没有幼儿园管理者的支持和引领,幼儿园课程改革与创生就不能实现和成功。幼儿园管理者的支持与引领是保障幼儿园课程创生质量的重要前提。具体而言,这种支持与引领表现在以下几方面:

1. 实现课程观念的更新

课程创生与传统的目标课程范式和忠实执行的课程取向有着本质差异,是一种全新的课程理念和理论。它要求幼儿园管理者不断学习,及时更新自身课程观念和课程管理观念,如将课程观由过去的"课程即教材"转变为"课程即经验",将课程目的观由过去的"三中心"转变为"以儿童发展为中心",将课程取向观由过去的"忠实执行"转变为"课程创生",将课程运作由"封闭静态"转化为"开放动态",将教师和幼儿的课程的角色观由过去的"传授"和"接受"转变为"主动参与"和"共同构建",将师幼关系由过去的"控制"转变为"对话",将课程管理观由过去的"高度集权"转变为"权力下移"等。要完成这一系列课程观念的转变,幼儿园管理者不仅要加强自身对相关教育理论的学习,更要立足于创设民主决策、平等沟通的幼儿园管理氛围,不断通过开放式的合作激发园所内部成员的创新意识,依靠集体智慧,共同为幼儿园课程创生"保驾护航"。

2. 注重对教师的价值引领

幼儿园管理者不仅应做课程创生的支持者,还应做课程创生的引领者。这种引领能够贯穿于创生过程的始终,具体包括观念的引领、价值的引领、思路的引领和过程的引领等。其中,价值的引领尤为关键,主要表现在:当教师在课程创生过程中产生迷茫困惑时,幼儿园管理者应当义不容辞地及时介入,针对问题,启发教师思考和反思;通过关键问题,把教师的关注点引领到如何有利于儿童的发展这一根本宗旨上,把教师对人生价值的追求引领到对教育理想和人生价值的自我实现上。

(二) 创设"课程审议"的教研制度:课程创生的动力源泉

幼儿园教研制度对于保证课程创生的质量具有十分重要的意义,为此,园所建立了以"课程审议"为核心的教研制度。按照施瓦布的观点,"审议"就是在特定情境中做出决策。课程审议是一种集体审议,而不是一种个人的审议,更不是无集体的审议。课程审议要求多方代表参加,尤其是让那些会受到行动决策后果影响的人参加。集体参与课程审议不仅有助于人们做出合理的行动,而且还能促使参与者彼此互动、相互启发,它或许不能产生最好的课程,却能够造就一种经过慎重考虑的课程,为课程的发展奠定了基础。基于这一理念,园所建立了以"课程审议"为核心的课程创生教研制度。首先,成立课程审议小组,成员包括园长、教师、课程专家、家长、社区相关人员等;其次,课程审议小组定期或不定期举行活动,一般情况下,常规的课程创生审议活动每半个月举行一次,平常则不定期举行一些临时性的审议活动;第三,课程审议的主要内容是对课程创生的相关内容的价值取向、理论基础、目标定位、内容选择、组织实施、反思评价、资源开发、家长和社区工作等方面的问题进行集体审议,审议的核心是幼儿园课程创生是否能够真正满足幼儿多方面的知识兴趣和发展需要,是否能够真正促进幼儿全面而富有个性的发展;同时,教师的课程创生意识和能力的提升也应是课程审议的重要目标。课程创生审议集体成员之间是平等、合作、共同成长的关系,审议应采取对话、沟通的民主方式进行,并努力形成"研究共同体"。在此过程中,尤其要赋予教师充分的参与权、知情权和评价权。

第二节　公能根基课程理念下的培训与学习

作为幼儿教师,我们感到幸福、充实,但也会不断地问自己:公能根基课程中的教师角色是什么? 教师作为课程的开发者和研究者,需要关注幼儿对课程的需要,不仅要学会如何倾听幼儿、理解幼儿,更要学会如何与幼儿共同学习,思考幼儿教会了我们什么? 在教育中不断出现挑战,这些挑战来源于课程、来源于家长和社会的要求、来源于幼儿,还来源于教师自身发展的需要和自我价值实现的要求。面对新的挑战和要求,我们需要进行培训和学习。

一、培训途径

(一)教育故事会

每位教师在教育实践中都有很多真实的感受,如收获与喜悦、困惑与失败、无奈与彷徨,这些感受构成了一个个真实的教育故事。园所通过营造一种宽松的氛围,让每位教师敞开心扉,用朴素的语言真诚地讲述自己的教育故事,这其中有成功的教育案例,也有两难的教育困境。在一个个故事中,透射出教师的思考、经验和问题。每位参与者从不同的视角审视教育故事,并从中捕捉、提炼课程的问题及经验。

教育故事会的形式多种多样,包括有组织的和自发的。范围也是广泛的,有全园教师故事会、班级教师故事会、家长与教师故事会等。在讲述、讨论故事时,提升生动的日常经验,举一反三,从一个个特殊的教育故事中不断提炼,从而增强对一般教育规律的认识与把握。

(二)现场观摩与研讨

教师专业成长不仅仅是知识和技能的积累,更重要的是实践智慧的提升。形成实践智慧最好的办法是在工作现场中实践与反思,工作现场是教师成长的最佳场所。现场观摩与研讨,是公能根基课程中教师培训最重要的方法,它有两个重要作用:一是经验的传递,每位教师在教育实践中都反映出自己对教育教学的理解,尤其是对教学策略的运用和已形成的教学风格,通过现场观摩与研讨,使得有益的经验得以传递,并获得分享智慧的快乐;二是问题的解决,针对课程实践中存在的核心问题,设计出相应的活动并开展观摩和研讨,当然还可以对观摩工作现场中出现的具体的、重要的问题而进行研讨,这些都有助于教师发现问题、解决问题和积累经验。

(三)专题学习

在课程实施过程中,我们常常感到:对于理念的学习、经验的传递以及问题的解决,仅仅通过观摩、研讨往往是不够的,还需要先进理论的武装,此时就需要进行专题学习。专题学习的形式和内容是比较广泛的,我们根据不同岗位、不同对象的需求,有针对性地选择专题学习形式,开展分层培训。但最重要的是,教师要重视自身的学习,尤其重视学习幼儿园已有的课程经验与理论,从而充分调动其学习的积极性和主动性,从中体会学习的快乐。

(四)新教师入职适应教育

新教师在进入幼儿园的第一年,经历着巨大的角色转换,面临着较陌生的工作程序和复杂的教学活动,且常会遇到困难、感受到压力,而此时也恰恰是他们职业发展中最为关键的时期。新教师的入职适应教育主要包括以下几种方式:一是师徒结对,首先是新教师与本班班长结成师徒对子,通常是采用一对一配对的形式,为新手教师安排一个有经验、专业能力强、责任心强的优秀教师作为师傅,通过师傅的言传身教,帮助其尽快适应幼儿园的教育教学工作;二是导师团活动,由具有资深教育教学实践经验的教师组成"导师团",对青年教师进行全面的指导和培训,同时在自身的师德修养和业务水平上能够起到示范、榜样和引领的作用;三是同伴互助,建立新教师的交流网络,使新教师获得相互交流和合作的平台,由于不同的同伴拥有不同的经验,这样的交流有助于开阔教师的视野,进行经验分享,有利于教师掌握较多的信息并不断丰富实践经验。

二、学习方式

(一)为问题解决而学

幼儿教师在工作岗位中都会面临各种各样的问题和困惑,如刚入职的教师会提出"如何在与幼儿的互动中对幼儿提出的问题及时判断反馈?""如何与家长进行有效的沟通?";有经验的教师则提出"如何挖掘高校资源有效拓展幼儿学习与发展的空间,开展符合本班幼儿的班本活动?";管理者则提出"怎样建立开放的管理机制,激发教师的创造能力"等问题。

面对这些问题,一方面可以进行教师个体的自我学习,另一方面也可以借助教师团队的方式进行共同学习探讨。教师应该在工作中带着问题去实践、去研究、去学习,在积极思考、寻找答案的过程中,使零星的知识变得系统有序,也让原有的知识结构变得更加完善。这就提高了教师建构知识的能力,为今后的创造性工作储备力量。带着问题去学习,能促使教师更新教育观念,变革教学方式,改善教学行为,提高教育水平;带着问题去思考,能促使教师在反思中成熟、提升,在反思中发展自我、超越自我。

(二)为有效工作而学

在公能根基课程实践中,园所教育工作是丰富且开放的,需要面对不同的幼儿、不同的学习内容以及各种变化着的活动。为此,我们需要充足的知识、丰富的经验、灵活应变的策略、合作与沟通的能力,让工作更加有效而生动。

有效的工作贯穿公能根基课程开发与实施的始终。在工作前,我们作了充分的准备,在课程实施中能运用科学的方法和技术发现问题、探究问题、解决问题。这些经验建立在教师不断的学习中,只有通过学习,教师才能够更好地获得信息、更新理念、积累经验,达到有效工作的状态。

为有效工作的学习途径可以是参加幼教继续教育学习,可以是阅读专业书籍和报刊杂志,也可以是关注有教育价值和教育情怀的公众号,等等。当今社会是终身学习的社会,只有不断充盈自己的内心,获得向上力量的滋养,才能更好地适应并胜任工作,获得自我发展的内在力量。

第三节　公能根基课程内生的源泉

教师是一个光荣的职业,幼儿教师是能够给予他人未来以积极影响的职业。我园教师队伍是公能根基课程内生内发的源泉。

一、激发教师内在的工作灵性:建造教育的理想国

只有思想清澈才能使自身产生生长的动力和追求。我们在工作中发现:作为幼儿教师,内心越澄澈、清朗,就越能倾听儿童的想法,与儿童的精神世界完成高度的契合,同时将自己的正能量传递和释放给幼儿;内心缠绕、纠结,总是升起自己声音的教师,则无法给予儿童真正的爱与关怀。如何激发教师内在的工作灵性? 我们认为,最根本的是启发教师形成自己的教育哲学观。

教师的教育哲学观是教师在实际的教育教学中,自身对教育、教学以及儿童等的根本看法。教师的教育哲学观一旦形成,就会稳定下来,并指导自己的教育实践。一个具有哲学思维的教师,才能在教学过程中做出很好的反思,而反思是教师课程决策的基础。

激发教师的内在灵性,意味着帮助教师获得自我觉知的能力。工作中要保持"空杯"的心态,如果教师的内心塞满了东西,这些会让人无法镇定,也无法看到教育世界的美好与真实;当一个人工作状态特别轻松的时候,人的感觉就会变成一种直觉,直觉的力量就是一种心理能量的流动,拥有这种直觉,教师才能够用心灵来工作。每个人都有自己独特的能量,要坚信自己的力量。每个教师都要追寻自己的直觉,直觉有两种:一种是非常敏锐而优雅的,如同艺术家;而另一种是非常拙朴的,如同工匠。这两种

直觉都值得认可,不分上下。

激发教师的内在灵性,意味着帮助教师获得深度思考的能力。当一个人和一个事物之间建立起深度的联结,就会看到这个事物的本质。喜欢的事情就去做,做了就要认真做,做完之后不问结果,这些慢慢就会成为人格中的一部分。当个人内在深层的内我体验与外在的真实生活自然相融的时候,便形成了淡定、祥和、安静的感受;同时,教师在深度思考的过程中也就找到了自己的方向。

激发教师的内在灵性,意味着帮助教师发现自己的闪光点。当一个人内心变得纯净的时候,他们就开始在能力的枝杈上寻找个人的优势。在幼儿园里,教师可以是好的科研工作者、好的课程指导者,也可以是好的书写者、好的生活者。当没有一个横向比较机制的时候,大家都在找自己的优势,为幼儿园做出自己的贡献。

激发教师的内在灵性,意味着要尊重并解放教师。每个人都有积极向上的价值取向,如果能够敏锐地理解教师表达的思想,接纳并尊重他们,教师就会朝着积极的、建设的、内发的方向发展。个体越被充分地理解和接纳,就越容易摘掉用来应付生活的假面具,就越容易朝着积极的、面向未来的方向改变。

二、让教师成为课程的实施者:创生有质感的课程

公能根基课程坚信幼儿教师是研究者,是课程的实施者,教师应该在教育实践中时刻拥有课程意识。课程意识是指教师对课程系统的基本认识以及对课程行为的自觉性。幼儿园教师课程意识是指幼儿园教师在理解和尊重幼儿身心发展特点的基础上形成的对幼儿园课程系统的基本认识,以及对课程行为的自觉性,包括主体意识、目标意识、生成意识、资源意识、评价意识五个方面。

主体意识一方面是指教师能认识到幼儿是课程的主体;另一方面是指

教师既是课程的研究者、实施者和开发者,也是课程的主体。目标意识是指教师能对课程目标进行正确的解读,并在目标的指导下有效开展教学,必要时能够根据幼儿的需要对目标进行调整和修订。生成意识是指教师能意识到课程开发不仅需要专家的支持,也需要教师正确地处理"预设"和"生成"的关系,并对教学情境进行创造性设计。资源意识是指教师能够创造性地利用教材,开发多种课程资源。评价意识是指教师能接纳多元化的评价主体,并采用多元方式来评价幼儿。

为了激发教师的课程意识,幼儿园应当建立开放民主的管理制度,鼓励教师参与园本课程的开发,通过实践研究等形式,让教师真正参与到课程的开发、设计与评价中来。幼儿园教师不仅是课程的设计者,也是课程的实施者和评价者,教师只有获得了相应的自主决策权,才能在具体的实践中提升自己的主体意识。

为了激发教师的课程意识,幼儿园应当建立课程审议机制,提升教师课程反思能力。幼儿园应当建立课程审议机制,并为教师提供相对自由、民主的园所环境,让教师以平等的身份参与到课程审议中,鼓励教师积极表达自己的想法,提升教师课程反思能力。

为了激发教师的课程意识,幼儿园需要建立发展性评价机制,激发教师主动提升课程评价意识。幼儿园可以根据教师的实际情况,分析教师的发展需求,制订教师发展规划,并为其提供培训和自我发展的机会,提高教师的专业水平。同时,幼儿园可以通过教师自评、互评、小组评、家长评等多样化的评价方式,激发幼儿园教师开展课程评价的主动性和创造性。

三、让教师成为幸福的工作者:与幼儿共同诗意生活

教育现场纷繁复杂,如何才能保证幼儿园的研究品质切实提升呢? 有学者曾指出,关注学生、研究学生、发展学生,这是教师专业发展的定盘星,好教师需要具备强烈的生本意识。具体到学前教育领域,公能根基教育理

念认为:发现幼儿、分析幼儿、引领幼儿是学前教育领域的关注幼儿的具体内涵,"以幼儿为本""以学定教"是教育的重要前提,教师成为幸福工作者的前提是理解幼儿,欲使惯常的"成人之心"更加贴近"幼小之心",关注幼儿势在必行。

　　一个教师专业成长之路至少要经过三个阶段。第一阶段是找到幼儿、看到幼儿、听到幼儿,和幼儿一起做游戏。第二阶段是在和幼儿相处的过程中,看到关系中的自己;在这个关系中,重要的是要做深度的内观,将自己、幼儿、教育三者进行联结。第三个阶段是逐步将认识内化,内化成为教育直觉与教育智慧,在此之后,教师将会拥有"专业能力"的品质。简言之,教师成为幸福工作者的前提,在于与幼儿共同诗意的生活。

第九章　众人捧出朵朵红
——公能根基课程的资源

第一节　公能根基课程中的家庭与社区

一、公能根基课程资源

(一) 幼儿园课程资源、高校资源与公能根基课程资源

幼儿园课程资源是课程设计和组织的基础,包括物质资源,如环境、设备、建筑、器材等;也包括非物质资源,如人力、作品、精神文化等。这些资源部分来自幼儿园,如幼儿园为课程开展提供基本的场所、材料和作为人力资源的教师;部分来自家长、社区乃至社会的支持。高校资源指坐落在高校之中的一切自然与人文环境,包括自然资源、人力资源、物力资源、财力资源、文化资源等,这些高校资源是高校附属幼儿园所拥有的天然优势。我们认为,与幼儿身心发展相关的一日生活及一切活动皆为课程,因此,幼儿园、高校内一切能够与幼儿产生互动、影响幼儿发展的一切物质与非物

质资源皆属于课程资源。

《幼儿园教育指导纲要(试行)》中指出,幼儿园应充分整合利用家庭、社区等教育资源,充分发挥家长资源的教育作用,实现幼儿园教育与家庭教育的同步协调发展。公能根基课程资源来源于幼儿园课程资源与高校资源,但并非所有的幼儿园课程资源或高校资源都是公能根基课程资源。公能根基课程资源应该具备以下特征:

1. 目的性

公能根基课程关注幼儿的全面发展,尤其是强的体魄、雅的言辞、善的品行、活的头脑和美的艺趣的发展,公能根基课程资源应该能够在与幼儿的互动与对话中,推动课程目标的达成。

2. 辅助性

公能根基课程是生活化、情境化的课程,注重幼儿通过真听、真看、真操作、真感受等真实的体验来学习,需要大量对应的物质与非物质资源支持,公能根基课程资源应该能够在课程实施过程中,助力公能根基课程的开展。

3. 延伸性

公能根基课程不是幼儿园关起门来开展的课程,而是延伸到校园、高校家庭等幼儿生活真实情景中的课程。因此,公能根基课程资源不止作为幼儿园课程资源的补充,更应该能够作为公能根基课程的延伸,促进幼儿的全面、可持续发展。

(二) 公能根基课程资源的价值

从幼儿园课程资源与高校资源中筛选、加工、整合而成的公能根基课程资源,为公能根基课程的开展提供了基本保障。它不仅具有资源本身具备的支持幼儿活动的基本价值,更具备公能根基课程特有的价值。

1. 提升"公"的高度

南开大学是一本鲜活的大公教材,南开大学幼儿园的幼儿熟悉南开大学杰出校友周恩来总理"为中华之崛起而读书"的爱国精神,熟悉张伯苓、杨石先、陈省身、郭永怀等大教育家、大科学家的爱国事迹,而这些故事和南开大学校园里的人物雕塑、纪念碑、校钟等实物一起,彰显着爱国主义情怀。南开园的幼儿在"大公"教育的耳濡目染下,逐步形成了爱他人、爱社会、爱祖国的品格。

例如,南开大学建校以来就有话剧表演的传统,借助高校话剧社团资源,幼儿园公能根基课程开设了"南小开剧场",幼儿在表演体验中,更深入理解绘本中人物的情感、态度、价值观,具备了更强的共情能力,也更加学会爱自己、爱他人、爱社会;再如,依托高校环境资源所开展的"童眼看南开""小脚丈量南开""小手搭建南开园""百年华诞献礼"等活动,让幼儿进一步了解南开、热爱南开;学习了周恩来、杨石先、陈省身、叶嘉莹等南开杰出校友的名言和事迹,爱祖国的情感在幼儿心中生根发芽。这些资源让幼儿在体验中不断加深对"公"的理解;在这个过程中,其"爱"的品格也从知到行,真实生长。

2. 拓宽"能"的广度

公能根基课程资源的利用,能够有效发展幼儿的多种能力:

(1)强的体魄

利用校园环境资源,开展参观远足、草坪风筝节等活动,幼儿在活动中不仅锻炼了健康的体魄,更具备了自我保护能力,同时,发展了坚持不懈、追求卓越的精神品质,得到了身体和心理的全面发展。

(2)雅的言辞

南开大学幼儿园幼儿的朋友们遍布校园,大学生哥哥姐姐充满青春活力,大学教师、科研人员气质儒雅,各行各业工作人员爱岗敬业,都是有助于幼儿成长的宝贵资源。在与多种多样优秀朋友的交往中,他们的一言一行也如春风化雨、潜移默化地沁润到幼儿的生活中去,使他们能够在各种场合表现出礼貌、自如又大方的言行和儒雅、自信又温暖的气质。

（3）善的品行

南开大学幼儿园的小朋友举止得当、彬彬有礼、尊重并关爱他人、敬畏与亲近自然。走进南开园,捡一捡地上的垃圾,为门卫叔叔送去一碗暖暖的腊八粥,为寒冷的小树穿上冬衣,开展一场酣畅淋漓的劳动技能大赛,良善勤朴的种子在幼儿心中生根发芽。

（4）活的头脑

走进实验室,和大科学家面对面,幼儿在观察、实验等过程中发展观察和探究能力;通过与大科学家、大学生哥哥姐姐交流沟通,在南开大学探究建筑、桥和雕塑的结构中幼儿的思维更加活跃,表达更加大胆自信,观察与探究能力也得到了发展。

（5）美的艺趣

欣赏南开园里四季的自然风光、建筑雕塑桥梁、观察采访南开园里工作着的人,幼儿逐渐学会用绘画、泥塑、积木搭建、诗词创编等形式来记录美、创造美。在这个过程中,小小南开人不会沉迷于电子游戏和动画片,而是逐步培养起高雅的生活情趣,能够在美的生活中寻找到更多的乐趣。

公能根基课程资源的利用,也提升了教师的多种能力:

一是开发和利用课程资源的能力。教师是公能根基课程资源开发的主体,不仅要承担发现和挖掘课程资源的任务,更要具备筛选和利用课程资源的能力。在这个过程中,教师要不断克服由于年龄的增长、经验的增加而产生的惯性思维,不断打破头脑的禁锢,以开放的心态不断开发新的课程资源;同时,要根据不断变化的课程资源库、课程目标和幼儿不同的兴趣、需要,重新筛选、整合课程资源,生成新课程。

二是沟通能力。在公能根基课程资源的开发和利用,尤其是家长和社区资源的开发和利用过程中,教师要与家长、社区资源负责人进行全程沟通,以保证课程的充分准备、顺利开展以及与资源的良性互动和持续合作,其沟通能力在这个过程中不断增强。

3.延伸"根基"的深度

公能根基教育之所以被称之为"根基"教育,是因为我们理想中的幼儿教育是播种于幼儿心底的种子,而不是急于展示的果实;是能够跟随幼儿的发展不断生长的藤蔓,而不是既定不变的图画。我们认为,种子的生长是先向下扎根、然后向上生长的过程,根基教育就是播种和扎根的过程。

公能根基课程资源的选择,决定了幼儿的学习是在真实的探索、体验、发现中进行的。我们给予幼儿的是"种子"、是"支架",而不是"果实""答案";资源的利用,解放了幼儿的头脑、眼睛、双手、嘴巴,幼儿的学习更加深入,体悟更加深刻,"根"扎得更深,"基础"打得更牢。

(三)公能根基课程资源的类型和特征

公能根基课程拥有开放的心态,其资源来源广泛,资源内容十分丰富。不同的教育活动所需要的资源是不同的,同一种资源运用到不同的教育活动中,其发挥的作用也有所不同。如南开大学的迦陵学舍,在探索建筑活动中,它作为一种物质资源,幼儿研究其独具中式风格的建筑特色;而在诗词吟诵活动中,它又作为一种文化资源,幼儿由此便会想起叶嘉莹奶奶写给孩子们的诗。因此,我们从三个不同的维度分析公能根基课程资源的类型及特征。

1.人力资源与环境资源

幼儿园教师、家长、大学生、南开大学各行各业的工作人员、服务于公能根基课程建设与开展的相关人员等,都属于公能根基课程的人力资源;而幼儿园、校园的室内外自然、人文环境等与幼儿产生互动的环境都作为环境资源服务于公能根基课程。人力资源与环境资源经常是相辅相成,同时存在的,如科学实验室属于环境资源,而走进科学实验室开展活动需要人力资源的带领。

2. 物质资源与文化资源

一般来说,我们认为自然风景、建筑设施、设备仪器等客观存在的事物属于物质资源,而艺术作品、名人名言、精神文化等属于文化资源。很多物质资源本身具有一定的文化内涵,如南开大学范孙楼、伯苓楼、省身楼、石先楼等诸多建筑都以杰出教育家、科学家的姓名来命名,为建筑增添了文化内涵;此外,由于幼儿丰富的想象力,物质资源经常被赋予文化意义,如幼儿将幼儿园里半圆形的拱门称为"月亮门"、将总理像前经常玩耍的大草坪称为"总理爷爷的怀抱"等。在实际的资源利用过程中,园所则根据课程需要和幼儿的经验灵活定义。

3. 固定资源、流动资源、间歇性资源与偶然性资源

以时间维度划分,有些资源是在较长一段时间内保持不变的,如南开园的建筑、历史等,这些资源属于固定资源;有些资源处于不断的流动和更新中,如幼儿园的家长资源会随着每年新生的入园和毕业班幼儿离开而不断变化,这些资源属于流动资源;有些资源是在固定时间内才会出现的,如南开园秋天的落叶、马蹄湖夏季的荷花,这些资源属于间歇性资源;而有些资源在一段时间里不会经常地出现,如南开大学百年校庆盛典、杰出校友返校进园等,这些资源属于偶然性资源。我们在设计和组织课程时,需要根据不同资源的特征,抓住时机开展教育活动。

二、公能根基课程理念下对家庭和社区资源的理解

家庭和社区资源作为幼儿园资源的补充与延伸,是公能根基课程资源的重要组成部分。家庭和社区资源中的多元主体参与到课程中来,能够在最大程度上发挥课程建构和参与者的主动性。在开展活动过程中,家庭和社区资源解放了幼儿的身体和头脑,使幼儿走出活动室、走出幼儿园,感受丰富多彩的世界。同时,相较于幼儿园资源,家庭和社区资源更加多样化,

在相应领域内更加专业,能够有效扩展课程的广度和深度,丰富课程的内涵。

(一)支持多元主体,鼓励主动参与

家庭和社区之中蕴藏着优秀的人力资源,他们应该和幼儿园共同成为公能根基课程建设的主体,主动参与到课程建设和开展中来。首先,高校的家长都具有较高的文化水平,拥有较为先进的教育理念,与我们共同关注与影响着幼儿的成长与发展,具有成为课程建设主体的天然优势和动机,愿意参与到课程中来;其次,在利用社区资源开展教育活动过程中,我们也鼓励相关社区负责人参与到课程设计和实施中来,以确保活动开展的适宜性和顺畅性;最后,家庭和社区是幼儿熟悉的场地,幼儿的真实生活在家庭和社区当中每天发生,将家庭和社区资源引进公能根基课程资源当中,能够让幼儿在真实的生活情境中增加参与活动的主动性。多个主体在课程建设中主动参与,各司其职,充分发挥着家长和社区资源在课程建设中的价值。

(二)开放时间空间,解放身体头脑

家庭和社区资源的开发,使课程设计、实施的场景打破幼儿园空间的限制,延伸到更加广阔的空间。在“各种各样的桥”活动中,我们一开始就没有把“桥”这一形象限制在幼儿园内或者网上的图片、视频等多媒体资源,而是走出去,在南开园里寻找各种各样真实的桥,观察记录其形态架构,触摸感知其材料特性,访问了解其名称历史。幼儿的身体得到解放,能够通过眼睛真实地看,用双手真实地触摸,用小脚真实地丈量;其头脑也在迅速运转,联想到多个问题:桥梁为什么是这个样子的;桥梁使用何种材料、如何建造结构更加稳定;不同的桥是如何命名的,有什么内涵,等等。

公能根基课程的时间和空间是开放的,为了解决这些问题,我们将

"各种各样的桥"这一主题活动的时间进一步延长,又增加了请建筑专业的家长进课堂解密桥的结构、进行桥梁稳固性实验、设计搭建桥模型、开展桥展等系列活动,课程从单一的科学领域延展到各个领域,幼儿也在问题的提出和解决过程中提升了综合能力。

(三)增加广度深度,丰富课程内涵

社区和家庭本身拥有多样性,是一个较之幼儿园更加丰富多彩的世界,高校社区和家长资源更具备其独有的优势。南开大学作为一所综合性的双一流大学,其学科文理兼备,范围广泛,服务于教学和科研的各种资源和设施设备先进齐全;幼儿家长多为各个学院的专业教师和科研人员,对各自领域的研究既专业又深入。这些资源不仅拓宽了公能根基课程的广度,使课程涉猎更宽、内容更丰富;也提升了课程的专业度,为课程深入开展提供了可能。依旧以"各种各样的桥"为例,在校园内多种桥直观观察的基础上,我们引入各领域专业的家长资源,和幼儿共同探索桥的历史文化价值、美学价值、建筑原理等,让课程内涵更加丰富。

三、家庭和社区资源的开发与利用

南开大学幼儿园拥有得天独厚的家庭和社区资源,这些资源如同一个个巨大的宝藏,蕴藏着丰富多样而又无比珍贵的宝石。然而,宝石需要经过开采、淘洗、筛选、加工等漫长的过程,才能够成为精美的作品;我们所拥有的家庭和社区资源,也不是"拿来就用"的,而是同样需要经过充分的开发和利用过程,最终将一颗颗璀璨的"宝石"镶嵌到课程当中,装点幼儿的童年。

(一)公能根基课程资源开发的原则

秉持主动、开放、多元的课程理念,家庭和社区资源的开发和利用由教师、幼儿、家长和社区多个主体共同参与,从多个角度对资源进行分析、选择、加工、整合,以实现资源利用的最大效益。在公能根基课程理念的引领下,课程资源的开发和利用需要遵循一些基本原则。

1. 广泛深入原则

公能根基教育培养的是全面发展的幼儿,只要是幼儿感兴趣的、助力于幼儿全面发展的资源,我们都不会拒绝。因此,园所对家庭和社区课程资源的开发是广泛的,这里有科学、艺术、语言、社会、健康等五大主流领域课程资源的加入,也有植物种植、动物饲养、厨艺分享、家务小技巧等多种"非主流"课程资源的加入。同时,园所对资源的开发不是只追求表面的花团锦簇,而对每项资源都一知半解,缺乏深入的探究和了解,我们的开发必须是深入的。

资源开发的广泛与深入很多时候是相辅相成的,对一项资源的深入开发,往往会牵涉多个领域,在其引导下,我们会去发现更多的资源;而对某一领域的研究越是深入,越需要知识的融会贯通,其领域间的界限也会愈发模糊;同时,同在南开大学,随着对多种资源开发的不断深入,我们会发现资源之间也有着千丝万缕的联系,从而形成一个庞大的、立体的资源网络。对这个资源网络的不断掌握,就是我们资源开发不断拓展、深入的过程。这个过程没有终点,需要我们秉持着广泛深入的原则不断前进。

2. 系统有序原则

园所从社区、家庭中发现、收集到的资源还只能称之为资源,而不能称之为课程资源,如同从宝藏中开采的原石,必须经过筛选、加工才能够真正散发光彩。我们掌握庞大的资源网络之后,首先需要对其进行充分的分析、筛选、分类梳理,将庞大而复杂的资源网络形成较为系统的资源库,建立索引,以便在课程开展过程中提取使用。对此,园所建立了家长资源信息库以及南开大学资源地图,使家长、社区资源成为支持公能根基课程设计和开展的一部宝典,既内容丰富,又方便使用。之后,园所根据学年、学期课程目标,选择资源库内容,制定相应的主题课程规划,以期对资源适时、充分、高效地利用。如构建家长进课堂主题网络图、"公能根基特色主题活动图"等,都体现了系统有序的开发原则。这部分内容在之后两节会详细展开。

3. 与时俱进原则

课程资源有固定资源、流动资源、间歇性资源与偶然性资源之分,园所的资源库中虽然有很多资源相对稳定,但也存在部分资源会随着人、事、物的变化而流失;同时,身边还会不断产生新的资源。此外,随着时代的发展,幼儿的兴趣和需要也是不断变化的。因此,幼儿园资源开发工作不能一劳永逸,不能因为已经拥有了大量的资源而产生满足和倦怠心理,而应该秉持与时俱进的原则,时刻保持对新资源的敏感度,不断开发新资源、充实资源库;同时,资源库也应该经常重新整理,对已经过时或流失的资源及时"断舍离",保持资源库的即时性和可用性。同时,尽量延长各种资源的使用年限,跟踪幼儿生命成长,适时反哺资源库。

(二)公能根基课程资源利用的原则

1. 适宜原则

资源的利用首先应该遵循适宜原则,因时、因地、因人不同而选择不同的资源。

(1)因时制宜

很多资源是间歇性或偶然性的,应抓住资源产生的时机,利用资源开展相应的教育活动。如南开大学百年校庆之际,开展"我爱南开"校园打卡活动;每年在清明节之际开展总理像祭扫活动等。

(2)因地制宜

园所充分利用社区和家庭的资源拓展了幼儿活动的空间,拥有多样、广泛的活动场所;而在不同的场所,我们应该采用不同的教育策略,因地制宜地开展课程。如在家庭当中,开展"亲子共读""亲子小实验"等多样化、个性化课程;在校园远足中,完成远足目标之余,利用校园宽阔的场地适时加入体能游戏,使幼儿的活动更加丰富。

(3)因人制宜

资源不是因为有资源所以要利用资源,更不是为了利用资源而利用资源,而是为了适应幼儿的兴趣和需要、促进幼儿的发展而设置课程。资源是助力幼儿发展的营养和沃土,在资源利用时,要时刻秉持幼儿为本的教育理念,使资源利用适宜幼儿的发展需求,助力幼儿各项能力发展。

2. 计划与生成相结合原则

在课程开始之初,我们会综合分析资源,结合教育目标制定利用资源的课程计划。但是,计划只是资源利用的指导,随着课程的展开与深入,幼儿在与资源的互动中可能会产生新的兴趣点,或者对资源有着更深层次探索的需要。我们要尊重和珍惜幼儿的好奇心和探索精神,不断调整资源利用的策略,从资源库中寻求更多的资源,甚至开发新资源来满足幼儿的兴趣和需要。

3. 可持续原则

我们对社区和家庭资源的利用不是"一锤子买卖",而是与家庭和社区的长期合作,因此在资源利用过程中必须遵循可持续原则。首先,教师要与家长和社区保持充分而友好的沟通,在利用资源的过程中充分倾听和尊重对方的要求和需要,与家庭和社区进行良性互动;其次,要做好活动的准备工作和幼儿的教育工作,在"引进来"和"走出去"的活动中,尊重"家长老师"和资源的提供者,尊重不同场所的活动规则,爱护资源;最后,要与家庭和社会互惠共赢,幼儿园开展家长课堂、教育进社区等活动,将幼儿园的优质资源与家庭、社区共享,以保持和家庭、社区长期友好的关系,实现资源的可持续利用。

第二节　家长是公能根基课程的建设者

公能根基课程具有主动、开放、多元的特征,课程的建设必然向家长、幼儿、社区乃至社会开放。只有课程建设足够开放,才能够发挥课程建设参与者的主动性,保证课程内容的多元性。家长作为公能根基的建设者,能够使公能根基课程的开展进一步延伸到家庭,同时也能吸纳更多的家长资源,使得公能根基课程内涵更加丰富。

一、家长参与公能根基课程建设的价值

高校的家长资源是得天独厚的,应该充分挖掘利用家长成为教育资源。南开大学幼儿园的家长大多为文化程度较高、对教师职业较为了解的高校教师。家长资源的合理利用,是公能根基课程建设与发展的有力支持;同时,幼儿的发展对家长也具有重要意义。

（一）对课程建设与开展的价值

1. 对课程建设的价值

高校附属幼儿园的家长总体来说文化程度较高,拥有先进的教育理念。他们注重幼儿的成长过程,能够尊重并培养幼儿的兴趣,重视幼儿的全面发展。家长参与到课程建设中来,能够成为"智囊团""顾问团",从家长与家庭,乃至教育等专业的角度出发,为公能根基课程的建设提供帮助,提出意见与建议。

通过问卷分析,我们发现,家长普遍认为大学教育资源在幼儿园教育中发挥着重要的功能,表现出乐意为幼儿园开发利用高校资源提供帮助的

意愿。这不仅可以拓宽幼儿的视野,丰富幼儿的感受和体验,还可以在专业领域给幼儿园老师提供一些帮助。这样一批专业人力资源的加入,极大丰富了课程内容,拓展了课程视野,增加了课程的专业性。如在"南小开种植园"活动中,在生物科学学院工作的幼儿家长作为家长助教参与到种植园的工作中,为师幼讲解不同植物的习性、生长周期与生长形态,规划园地的种植区域;在植物生长的不同时期,为对应的植物搭建大棚、支架;在活动开展的不同阶段,为师幼详细讲解了不同植物的生长规律和护理办法。专家型的家长使种植园生机勃勃,为活动增加了专业性,使师幼在活动中积累了更加丰富的经验。

2. 对课程开展的价值

高校附属幼儿园的家长大多为高校教师,他们分布在各个学院,甚至有一些是学科专家,不仅可以为幼儿提供参观实验室、展览馆、聆听讲座等机会,同时也可以作为家长助教为幼儿探索简单的科学现象、提供信息资源等。高校附属幼儿园的家长工作时间相对灵活,还有一定的距离优势,因此参与幼儿园活动的概率比较高。家长参与到公能根基课程建设中来,能够使家长对幼儿园的教育目标、教育内容和教育形式有更加全面而深刻的理解,在课程开展中提供更多的支持与配合。

如在"探访天津古建筑"活动中,作为课程建设者的家长积极配合,利用空闲时间带领幼儿参观天津的各种古建筑,和幼儿一起制作古建筑介绍图并带来幼儿园共享,亲子共同制作完成的一页页生动、翔实的介绍图,组成一本《小小南开人眼中的天津古建筑》图书,成为活动的主体内容和活动效果的集中展示。

(二) 对幼儿发展的价值

1. 作为幼儿园教育的补充,满足幼儿个性化学习的需求

公能根基课程注重以幼儿为本,组织幼儿进行小组活动、区域活动等多种活动形式。然而,幼儿园活动多数情况面向整体,难以充分满足幼儿个性化学习的需求。邀请家长参与到课程建设中来,能够很好地补充幼儿园教育的这一不足,为幼儿提供个性化学习的平台。

2. 为幼儿更深入的学习提供支持和保障

在"春天的诗会"主题活动中,"飞花令"游戏在幼儿当中风靡一时。然而,在幼儿园里学习的诗文十分有限,幼儿很快发现了游戏始终在几首固定的诗句中反复。此时,我们和家长共同发起了"亲子诗会",幼儿在家里和家长共同积累春天的诗句,来到幼儿园参加"飞花令"的游戏共享。在活动中,幼儿对古诗词表现出了极大的兴趣和求知欲,诗词积累与日俱增;更在诗词的陶冶下,度过了一个诗意满满的春天。

3. 增加亲子间的共同语言,促进亲子间的情感联系

幼儿有强烈的与家长分享在园学习生活的愿望,但幼儿的表达能力还比较有限。家长参与到课程建设中来,能够使家长对幼儿园教育活动有充分和深入的了解,更好地参与到幼儿的分享中来,与幼儿建立亲密对话,促进亲子间的情感联系。

(三)对家长自身的价值

1. 对幼儿园教育内容更全面的了解,走出"小学化"的误区

"公能根基"教育内容与南开大学息息相关,在南开园生活和工作的家长群体,能够对幼儿园的教育内容有更多的了解,与幼儿园教育工作的配合也更加默契。与此同时,家长更加理解了幼儿园教育的本质与意义,不再焦虑于幼儿园不教识字、算术等小学教育内容,走出了"小学化"的误区。

2. 对幼儿园教育活动更深入的参与,走出"旁观者"的误区

"公能根基"教育创造了开放的教育环境,很多家长走进幼儿园,担任家长助教;幼儿也走进南开大学实验室、体育馆、艺术大楼等家长的工作场所,老师、导游、摄影师、辅导员……家长在此过程中不断转变角色,不再是"旁观者",而是幼儿教育活动的参与者。

3.与幼儿园建立更深厚的情感,走出"对立面"的误区

随着对幼儿园教育的了解和参与,家长更加认可幼儿园教育的专业性、科学性和不可替代性,不再有因为对幼儿在园生活的不了解而产生的怀疑甚至对立的情绪,与幼儿园的联系更加紧密,对幼儿园有着深深的理解与感恩,也与幼儿园建立了更加深厚的情感。

二、家长参与公能根基课程建设的方式

(一)充分利用家长资源,开展多种形式的教育活动

1."引进来"——家长进课堂活动

家长进课堂活动是幼儿园最常见的利用家长资源的方式之一。教师依据家长的职业特点,结合所在班级幼儿的年龄特点和发展需求,有计划地安排班级家长走进课堂,家长作为活动的策划者、组织者、参与者,切身体会幼儿在园的活动。在组织家长进课堂活动前,教师会做好充足的计划和准备:利用多种形式,向家长说明家长进课堂的意义,邀请家长主动参与;根据幼儿的年龄特点和发展需要筛选内容,小、中、大幼儿年龄特点不同,发展需要也不一样,家长进课堂的内容侧重点也不一样。例如,小班生活自理能力弱,生活习惯需要加强培养,家长进课堂的内容侧重于生活护理和亲子交流的方面;中、大班的幼儿探究欲望逐渐增强,家长进课堂内容会根据课程目标所需,满足幼儿的求知欲望,向探索科学知识、兼顾培养幼儿的学习习惯倾斜。

为了使家长进课堂活动的开展更加系统、全面、深入和可持续,园所根据家长资源信息库,建立南开大学幼儿园家长进课堂主题网络图,对家长

进课堂活动进行系统规划。

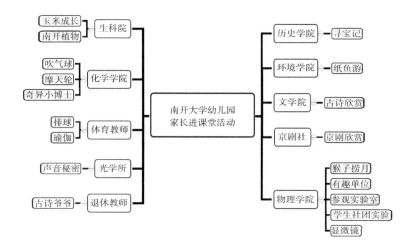

图 9-1 南开大学幼儿园家长进课堂主题网络图

家长进课堂的活动方式,具备家长、教师、幼儿多赢的价值:对于家长,他们在参与活动的同时,可以看到班级幼儿整体的学习现状,同时看到自己幼儿参与活动的积极性,在群体中处于何种水平;对于教师,家长作为活动组织者,能够切身感受到幼儿教师的专业要求,体会到教师工作的艰辛;对于幼儿,家长进课堂能为幼儿带来新鲜感,激发幼儿的学习兴趣,看到自己的爸爸妈妈来当老师,幼儿会倍感自豪和亲切。

2.“走出去”——校园参观与远足

作为高校教师的家长不仅是优秀的人力资源,而且能在广阔的校园内提供丰富的物质与环境资源。有了广泛分布在学校各个学院的家长资源,我们能够更加便捷而深入地走进校园,接受校园文化的滋养。此外,家长资源是对幼儿园课程的一种很好的补充和丰富。家长的专业研究领域丰富,地理、外语、生物、建筑、摄影等,都能够成为我们课程的一部分。

为激发幼儿探索科学、热爱科学的浓厚兴趣,我们将适合幼儿年龄特点的、幼儿感兴趣的科学资源搬进幼儿园,以及带领幼儿走进实验室,近距离观察探索。例如,中班组老师邀请物理学院的家长带领小朋友们走进拥有近50种趣味物理实验的国家级基础物理实验示范中心,观看家长助教演示有辉光球、穿墙而过、撞球、旋转硬币、雅各布天梯等多种有趣的实验。在南开特色主题摄影"童眼看南开"的活动中,我们邀请了一位专业摄影的家长,从多个角度为大班幼儿展示摄影的技巧,并且通过多种有趣的方式帮助幼儿学习摄影的方法,然后为幼儿的摄影作品提供一些专业的指导,最后由幼儿自己拿着手机、相机走进南开校园的角角落落里去用他们的方式发现人、事、物,构建自己对于事物的经验认知。这既是一个充分利用家长和高校环境资源而开展的主题活动,又是一个家园共育的成功案例。

3. "一起来"——亲子共学共享活动

亲子共学共享活动是幼儿园教育与家庭教育衔接与合作的有效方式。在亲子共学中,幼儿的经验得到进一步延伸和个性化的发展,同时增进了亲子沟通与情感联系。将亲子共学的内容在幼儿园共享,不仅能够使师幼共同享有不同家庭教育的成果,进一步丰富幼儿园教育内容;更能够给幼儿带来分享的乐趣与成就感,增强幼儿参加甚至主动要求亲子共学的动力,以此形成良性循环,共同促进幼儿的全面发展。

亲子阅读是让幼儿爱上阅读的最好方式之一。当爸爸妈妈和幼儿共读一本书时,温馨融洽的亲子关系容易让幼儿觉得读书是一件非常快乐的事情,进而自发地进行阅读。为了更好地开展亲子阅读,师幼共同制定了班级亲子阅读计划:自主设计《阅读记录表》,下发《亲子阅读倡议书》,再延伸到家庭里开展亲子阅读,幼儿将熟悉的亲子阅读绘本带到幼儿园讲给自己的小伙伴听,在此过程中增加了阅读量,增强了语言表达能力。

在"奇异小博士"亲子科学实验分享活动中,请家长和幼儿在家庭中进行一两个科学小实验,并轮流带到班上与老师小朋友们进行分享,幼儿期待着每天奇异小博士的魔法时刻。幼儿将在家里和爸爸妈妈一起完成的科学小实验带到幼儿园进行分享,一方面利于幼儿在家长的个别指导下,对特定现象获得初步的感性认识和相关经验;另一方面可以解决幼儿园无法给每个幼儿提供特定的探索和实验条件的困难。幼儿带来的科学小实验涉及科学、技术、工程、数学等多个领域,在简单、有趣、适宜操作的科学小实验中,幼儿运用观察、比较、分析、推论等方法进行探索活动,在游戏的过程中发展科学思维与科学素养。

(二)着眼于幼儿发展,家园双方形成教育合力

社会互动理论指出:人与人互动的实质是交换奖赏和惩罚,如果某一行动对某人越有价值,那么这个人就越可能采取该项行动。因此,要激发家长参与活动的积极性,主动发挥自身优势为园本课程献计献策,需着眼于幼儿发展,家园双方形成教育合力。

幼儿的发展有隐性发展与显性发展之分,对于非学前教育专业的家长而言,往往最能够看到的是幼儿的显性发展:是否掌握了更多的知识与本领,是否能够将学到的内容进行清晰的输出;对幼儿隐性的发展,如良好学习品质和学习习惯的养成、品德的培养等,家长们则不易察觉。因此,在利用家长资源开展活动时,要在活动的不同阶段与家长进行充分的沟通,使家长能够了解到活动对于幼儿发展的意义与价值。同时,要注重对家长专业、及时的反馈,使家长能够切实感受和了解到幼儿的发展与进步,从而更愿意参与到幼儿园课程建设中来;同时不断更新教育理念,最终形成家园双方的教育合力。

(三)加强家园对话合作,建构学习共同体

学习共同体的建立必须依赖几个前提:一是共同体成员具有共同的愿景;二是共同体成员之间能够实现平等互动与合作;三是共同体致力于解决共同面临的实践问题。

幼儿园尤其是幼儿教师与家长之间具备建构学习共同体的条件与需要:首先,幼儿教师与家长具有期待幼儿能够得到全面发展的共同的愿景,公能根基课程的发展与完善,以幼儿发展为最终目的;其次,幼儿园利用家长资源开展活动的路径遵循从"沉默"到"通知"再到"对话"、从"利用"到"运用"再到"合作"的转变过程,"对话"意味着教师与家长的角色是平等的,"合作"意味着教师与家长双方为了达到促进幼儿发展的目的,相互配合、联合行动;最后,如何为幼儿提供更加适宜的教育,如何丰富幼儿的学习内容,促进幼儿的全面发展是教师与家长共同面临的实践问题。因此,幼儿教师与家长建构学习共同体,是促使家长成为课程建设者的重要方式和必然选择。

高校附属幼儿园的家长与教师各具优势:教师的专业性在于熟知幼儿的学习方式,能够把握幼儿的年龄特点和身心发展规律,观察并识别幼儿的兴趣点,鹰架幼儿的学习,帮助其抵达最近发展区;高校家长人才济济,涵盖了科技、人文等各个方面的专业人才,能够更加准确把握各领域的核心素养。教师与家长充分沟通与交流,教师以专业引领家长,家长以领域优势助力教师,在对话与合作的基础上,形成课程开发与建设的双主体,共同建构学习共同体。

三、家长参与公能根基课程建设的策略

(一)深化家长资源开发与整理,建立家长资源信息库

重视家长资源的开发和利用,促进家园合作,达成家园共育的一致性,是公能根基课程建设的重要途径。因此,幼儿管理者和教师要运用现代化信息技术,科学有效地对家长信息资源进行开发和利用,对园所的家长资源进行系统调查、分类、整理,建立家长资源信息库。每年的 9 月份,幼儿园统一安排班级教师对各个班级的家长资源进行调查,并将调查内容录入

家长资源信息库;幼儿园根据每个班级的家长档案进行统一的分类、整合,最终形成全园共享的信息系统。

幼儿园的家长资源本身具有计算机信息的家长职业优势,在建立家长信息资源库时,与家长进行沟通、协商,共同参与设计出具有高校幼儿园特色的家长资源信息库,以保证体现高校家长资源优势特点、内容的丰富性、信息的共享性。教师可以根据教学计划和目标,有目标、有计划组织各种活动。这有利于高校幼儿园对家长资源的开发与利用形成长远的规划和策略,充分发挥家长资源优势。

此外,幼儿园每年会迎来一批新的小班家长,会有一批大班家长资源随着幼儿毕业而变化,家长在学期中也会出现一定的流动。为了适应家长的不断变化,幼儿园会设置专门的岗位对家庭资源库进行管理和维护,根据家园交流实践情况的进展,不断对资源库进行补充更新,使得家庭资源的流动范围突破班级的局限,在全园范围内实现共享,从而提高资源的利用率。

(二)筛选和分析家长资源,促进活动主题的深入

为了充分发挥家长资源功能,深化家园共育,我们在开发与掌握家长资源的基础上,根据课程要求对家长资源进行进一步的筛选和分析,深化教师与家长的互动内容,多管齐下,优势互补,利用家长的职业优势使幼儿园的教学活动更加生动有趣。

例如,幼儿园中班在开展"昆虫"主题活动中,班级的幼儿对昆虫产生浓厚兴趣。教师结合班级幼儿的情况,通过搜索家长资源库,发现班级有从事昆虫学科的家长资源;教师进一步深入了解,发现昆虫学科中又有不同的学科专业划分,教师要筛选内容与幼儿园活动主题接近、知识性上与幼儿园生活贴近的家长资源。最终,教师邀请基础昆虫专业的家长,昆虫专家利用自己丰富的专业知识让幼儿了解到不一样的昆虫世界。活动结

束后,家长带领幼儿走进高校昆虫标本实验室,幼儿能近距离观察昆虫,了解昆虫的特征,与昆虫专家探索奇妙的昆虫世界。教师对家长资源进行筛选,这样能有效地组织家长走进幼儿园参与活动。

（三）与家长有效沟通,实现双向成长

家长参与幼儿园活动前,教师要了解家长的详细情况,如特长、工作时间、性格、兴趣等。同时,教师、家长、幼儿应同时做好准备,教师可以根据教学的计划和主题活动内容,主动与参与活动的家长进行沟通,帮助家长了解幼儿年龄特点和学习方式;家长为教师介绍各种领域专业的学科知识,丰富教师的知识面,弥补专业学科的不足。这种有效的沟通不是一蹴而就的,而是一个在活动中不断摸索前进的过程。

例如,在大班"人体的秘密"家长进课堂活动中,来自医学院的家长走进幼儿园,为幼儿讲授人体科学的秘密,让幼儿了解自己的身体和食物的消化过程。教师在活动前与家长沟通活动内容的过程中发现,家长准备的课件内容知识性较强,形式上多以文字和真实的器官图片为主,儿童性与趣味性不足。因此,教师适时为家长提供幼儿园常用的教学形式和教学方法,建议家长适当降低活动目标,辅之以儿童喜欢的拟人化的故事、卡通图片,如"消化小卫士"等形象,以适应幼儿的发展水平,吸引幼儿的兴趣和注意力;同时,家长根据自身职业优势,将自己想呈现的活动效果与教师沟通,最终双方共同制订一个活动方案。在活动中,由于教师在实施前参与了家长进课堂的内容,所以教师能更有效组织与配合家长的教学活动,让家长进课堂的活动顺利实施。在活动结束后,教师对活动及时进行反思,与家长沟通,听取家长对于活动的反馈和建议。在家长进课堂的活动中,教师与家长的有效沟通和科学指导,实现了教师与家长的双向成长。

（四）建立三位一体家园社良性互动机制,提供制度保障

引导家长参与公能根基课程建设不是一日之功,而是一项系统、复杂

又需不断完善的长期工作。要充分发挥优势,将幼儿园、家庭、社区(大学)互动利用起来,进一步完善教育机制,丰富教育途径,提升教育水平。为此,我们建立了家庭教育、幼儿园教育、社区教育的良性互动机制,深入了解社区、家长对于幼儿教育的看法与期待,在已有社区场景化资源地图基础上,对社区和家长资源再挖掘,丰富资源地图。同时,利用社区场景化地图开展丰富的实践活动,在实践活动中探寻如何与社区、家长进行良性互动,并在实践中让这种良性互动机制日趋完善。

与此同时,幼儿园进一步完善、更新家园共育工作的途径。在活动实施的过程中及时进行评价,并总结经验教训,对共育方案和实施途径进行动态调整,建立家园共育的长效机制,促进家园共育工作的有效落实。例如,在完善家长服务制度方面,积极落实三级家长会,不同阶段召开的家长会,内容具体、明确且有针对性。举办园级家长会期间,教师在新生家长会上说明幼儿园的工作目标与任务,传递相关的政策法规、家长行为规范要求,为家园配合奠定基础。家长委员会定期召开工作会议,在家长和幼儿园之间架起沟通的桥梁,使家长全方位地参与幼儿园的发展规划、教育、保育、招生等各项工作中。家长真正成为幼儿园的主人,对幼儿园工作充满体验感、信任感和责任感。

第三节　公能根基课程实施中社区资源的利用

一、南开大学社区资源开发与利用的价值

南开大学幼儿园坐落于拥有百余年校史的南开大学校园中。南开大学深厚的历史底蕴和文化传承,孕育了爱国主义的优良传统;同时,作为国内"双一流"重点高校,南开大学拥有国际领先的科学实验基地,吸纳了高素质高学历的海内外人才,有着丰富的自然和人文资源。南开大学幼儿园作为高校附属幼儿园,深受百年学府的历史与文化熏陶。南开大学作为一个设施完善、教育底蕴深厚、人力资源充沛的优良社区,有条件为幼儿园教育提供强大的支撑。公能根基课程与南开大学"允公允能、日新月异"的校训是一脉相承的,是支持公能根基课程充分开展的有力支柱。

南开大学资源的利用,能够使公能根基课程扎根与延伸到幼儿的生活当中。南开大学校园及配套的西南村、北村等社区是小小南开人生活、游戏的重要场所,与幼儿的一日生活息息相关。我们充分利用南开大学资源,使得公能根基课程的教育内容更加真实、教育场所更加熟悉、教育方式更加多样,更能贴近幼儿的生活。

南开大学资源的利用,能够有效拓展幼儿学习的视野和空间。南开大学幼儿园被南开大学怀抱,是南开大学不可分割的一部分。对南开大学资源的利用,能够使公能根基课程在实施过程中翻越幼儿园的围墙,让幼儿在更加广阔的空间中感受、学习与发展,更加拥有大学视野、大学胸怀。

南开大学资源的利用,能够将公能精神更深刻地植根在幼儿心中。"公能"从南开文化中来,渗透在南开大学的角角落落。开发利用南开大

学的教育资源,能够使南开文化中所蕴含的公能精神更加真实、生动地展现在幼儿面前,如周总理"为中华之崛起而读书"的爱国精神,杨石先、郭永怀等大科学家崇尚科学真理的好学精神,实验室里的老师们对待科学严谨认真的探索精神,等等。当公能精神以鲜活的形象出现在幼儿面前时,他们能够对公能精神有更加深刻的理解,公能精神也将更加深刻地植根在幼儿心中。

二、有效开发,充分挖掘身边的社区资源

南开大学蕴含着丰富的环境资源、物质资源、文化资源、人力资源,是一个庞大而复杂的资源系统,这个资源系统对公能根基课程来说是一笔宝贵的财富。而要利用好这笔财富,既要对资源进行深入挖掘,又要对大量的资源进行筛选、梳理、整合。对此,我们做了以下工作:

(一)深度开发资源,建立资源地图

虞永平曾说:"幼儿园通过对所在区域内资源的搜集,制作出社区资源地图,对这些可以利用的资源进行整理和保存,这样的措施能够提升幼儿园课程建设的水平。"资源的丰富程度影响着幼儿学习的质量,南开大学幼儿园深受南开大学的历史和文化熏陶,拥有得天独厚的自然和人文环境,具备有形与无形、显性与隐性等丰富的教育资源。对此,园所采用《高校幼儿园利用社区资源情况调查表》(家长版),辅以访谈法,对大学资源进行深度开发,建立了南开大学幼儿园资源地图。图9-2所示。

同时,随着幼儿园周围环境和资源的不断发展变化,幼儿园课程资源的开发是一个不断更新和探索的过程,幼儿教师需要不断协调资源开发和课程开发的步调。因此,在资源的开发过程中,我们时刻保持对高校社区人文环境与物质环境的敏感度,主动搜集社区环境、自然、环境设施、人文氛围等资源与信息,分析各类资源的特点并充分加以利用,探索不同类型

图 9-2　南开大学幼儿园资源地图

资源的利用方式。如在大班"盖房子"主题中,教师可带小朋友实地观察、分析校园内不同建筑的风格与建筑特点。再如 2019 年南开大学百年校庆活动期间,教师带领幼儿了解学校的历史和发展,在真实的情境和体验中激发幼儿爱南开的情感。

（二）系统梳理资源,建立可利用资源网络

资源地图的建立,使园所掌握了南开大学大量的社区资源。然而,资源是为课程的开发与开展服务的,根据幼儿园课程的适宜性以及幼儿的兴趣和需要,将庞大而复杂的资源进行筛选、分析与梳理,在已有社区场景化地图的基础上再次丰富和完善,形成南开大学可利用资源网络框架图,为教师设计与开发课程提供了丰富而清晰的资源指南。

（三）基于可利用资源,建立主题活动网络

南开大学可利用资源框架的建立,如同一本资源宝典,为我们提供了方向全面、分类清晰、内容具体而适宜的南开大学资源指南。在资源框架的基础上,我们对高校资源进一步分析、定义、整理,结合幼儿的兴趣和需要,形成特色园本课程体系;深入挖掘高校资源,整合课程内容,并以游戏化的组织方式呈现,形成了一系列园本课程主题活动。园所以儿童发展需求、发展因素为主旨,充分衔接高校内环境资源、人文资源、人才资源等资源,构建公能根基教育主题目标、内容、方法、师生关系、评价等,既有计划地实施活动,同时随幼儿发展需求生成新单元,用实践证明了高校资源是公能根基教育构成的重要资源。

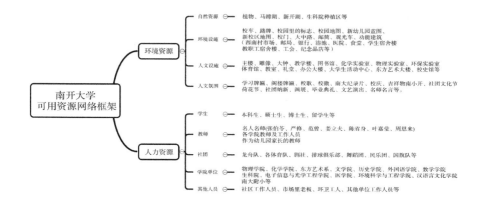

图 9-3　南开大学可用资源网络框架图

三、合理利用,发挥社区资源的最大效益

南开大学丰富的社区资源为公能根基课程提供了强有力的支持,合理利用社区资源,需要与社区资源保持持续的良性互动。对此,在主题课程的引领下,我们对南开大学资源进行进一步的筛选与评价,积极开展"走出去"与"请进来"活动,与资源保持友好相处,力求发挥出社区资源之于公能根基课程的最大效益。

（一）活动前对资源的筛选以及活动后的评价

为了使主题活动中资源的注入更加适宜,符合公能根基的课程理念及幼儿的兴趣、需要,避免走入"为了利用资源而利用资源"的误区,在开展活动之前,要注重活动对资源的进一步筛选。在发动教师、家长广泛收集资料挖掘资源的基础上,园所参考以下两点,对可利用的资源进行筛选与评估:①是否符合幼儿的年龄水平;②是否是幼儿感兴趣的活动。

如在"南开园远足"活动中,远足路线应该适应不同年龄阶段幼儿的兴趣、需要以及符合幼儿体能最近发展区的徒步距离;即使是在同一学期内,幼儿的兴趣需要与体能水平也是发展变化的,远足路线也应该随着时间的推移不断丰富与增加。对此,在已有的南开资源地图上,对南开园的自然和人文景观进行了进一步的研究与讨论,针对小、中、大不同的年龄阶段制定了适宜的远足主题、目标、路线、方案。

随着活动的不断丰富与深入进行,活动经验也在增加,针对活动中资源利用的科学性和可操作性制定了相应的评价标准。①资源选择的适宜性:选择的资源是否是幼儿熟悉、感兴趣的？是否符合幼儿的认知发展水平？是否真正服务于活动的开展？是否有助于活动目标的达成？②资源利用方式的适宜性:资源的利用方式是否适应幼儿的兴趣需要和资源的特点？是否达到了资源利用效益的最大发挥？活动后的及时评价与反思,有助于资源选择和利用方式的不断优化,减少资源和时间的浪费,提升资源利用的效益。

(二)主题课程引领下,开展"走出去"与"请进来"活动

在主题课程引领下,我们充分利用高校资源开展"走出去"、"请进来"活动。通过对高校资源的利用,使活动内容更加丰富、活动形式更加多样、活动过程更加生动。为了避免活动走马观花、浅尝辄止,我们分别对活动前、活动中和活动后这三个阶段进行有目的、有计划、有组织的精心设计。

以大班科学活动——"颜色的秘密"为例。幼儿对色彩天生就有兴趣,蜡笔画、水粉画、中国画,幼儿在不同的绘画材料的使用中,对不同的涂色材料的使用方法、涂色质感有了非常直观的体验,也进一步激发了幼儿的探索兴趣——这些颜色是从哪里来的？不同绘画材料之间的区别是怎

么产生的？颜色之间会发生什么奇妙的变化？"颜色的秘密"主题活动应运而生。

1. 活动前的经验准备

经过对"生活中的颜色"的讨论，幼儿在班级中进行了颜色提取小实验。大家决定从水果中进行颜料提取：将各种水果分别捣碎，再将捣好的水果放在滤布上，把汁挤到杯子里，通过简单的提取技术，得到了各种颜色鲜艳的"颜料"。

2. 引进来——活动中的问题解决

幼儿探索涂色工具的不同之处：搓一搓，摸一摸，水粉摸着像细沙子，丙烯滑滑的；过滤一下晒一晒，水粉干了之后变成了粉末，丙烯还是滑滑的，像胶一样。这些区别是怎么产生的呢？带着疑问离开幼儿园，"小小科学家们"咨询了实验室的爸爸妈妈们，原来是因为丙烯颜料中加入了丙烯酸乳胶，一种像胶水的东西。把颜料水杯盖上盖子、充分搅拌后，静止几个小时也会变粘。

3. 走出去——带着已有经验和更多求知欲走进实验室

在对颜色的秘密有了初步探究之后，幼儿期待和颜色做更多的游戏。于是，我们走进科学实验室，在"大科学家"的带领示范下，幼儿尝试了酸碱彩虹（酸碱平衡）、饮料加工厂（白水变汽水，汽水变牛奶，牛奶变白水）、茶水变果汁、果汁变白水、黑色变白色实验（氯化铅+硫化钠，再加入过氧化氢）。虽然幼儿还不能理解这些复杂的化学公式和变化原理，但奇妙的颜色变化扩充了幼儿的经验，激发了幼儿对化学实验的浓厚兴趣。

走出实验室，幼儿们意犹未尽。在这次活动中，不仅对"颜色的秘密"有了更多的探索和发现，更对实验的设计、操作、记录过程以及实验器材的使用有了更多的了解。更重要的是，"大科学家"们对待科学认真严谨的态度、锲而不舍的精神，深深扎根在了小小南开人的心里。幼儿对颜色的探索并没有在走出实验室之后就结束，在紧接着到来的元旦活动中，幼儿巧妙地应用所学,做出各种颜色的面食,请全园的小朋友品尝。这不仅是幼儿学习成果的分享,更是幼儿游戏迁移到生活中的集中表现。

(三)与社区资源保持友好相处与良性互动

幼儿的天性是好奇、好动、好问、好模仿,他们的思维天马行空。南开大学作为高校社区,其实验设备、博物馆、展览馆作品等科研资源十分丰富;高校的教师、大学生等人力资源在所属领域是专业的,但在面对学龄前的幼儿时往往会有些不知所措。因此,我们在利用南开大学丰富而生动的资源时,必须做好充分的活动准备和全面的活动预案,珍惜和保护社区资源,与社区资源保持友好的相处和良性的互动。

再次以"走进实验室"活动为例,为了使幼儿在有限的时间内将注意力集中于科学实验探索和记录,而不是仅好奇于实验室精密的仪器设备,我们在活动之前请化学实验室工作的家长助教入园,运用图片、视频讲解等形式向幼儿展示了实验室的场景,让幼儿认识了常见的实验工具及其使用方法;我们组织"向大科学家调研,与小科学家谈话"活动,讨论进入实验室应该遵守哪些规则,与幼儿共同制定"实验室约定",并以儿童画的形式记录下来;师幼对进入实验室所做的几个小实验进行头脑风暴式的猜想,进行详细的分工,制定"实验记录表""我的发现表""问题表"等幼儿能够进行看懂和记录的表格。走进实验室的小小南开人安静、有秩序,爱护实验设备,在实验过程中仔细观察、用心记录,活动有序而有趣。实验室的大科学家们都对南开园里的"小科学家"竖起了大拇指,表示欢迎"小科学家"经常来实验室做客。

在充分的准备下,幼儿园与社区建立了友好的关系,为与社区资源保持持续的互动打下了良好的基础。

四、回报社区,共享优质教育资源

利用好南开大学资源,不单是享受大学为我们带来的丰富资源。幼儿园作为南开大学的一分子,承担为大学教职工教育适龄幼儿的后勤保障责任。在享受南开大学带来的丰富资源的同时,要积极地将园内优质的教育资源向大学开放,在南开大学这个大的社区中承担起学前教育先进理念传播、优质学前教育资源共享的工作。

大手拉小手一起来加油——早教进社区活动。为了更好地发挥幼儿园在社区早期教育中的辐射作用,提升家长的科学育儿理念,让社区的婴幼儿得到更多优质、科学的早期教育服务,南开大学幼儿园的教师走进西南村社区开展亲子活动。教师根据婴幼儿的年龄特点,精心准备了"过山洞""开火车""运沙包""吹泡泡""彩虹伞"等亲子活动,锻炼宝宝的钻、爬、跑、跳等运动技能。幼儿园为家长们提供了一个互相交流的平台,幼儿在活动中感受到了集体活动的快乐,增进了亲子间的感情。

树立正确的育儿观——家庭教育专题培训会。针对幼儿年龄特点和家长教育所需,幼儿园面向社区,针对性地开展"不同幼儿年龄特点学习"和"如何做好幼小衔接工作"等培训活动,提升家长的专业知识水平,解决家长的教育困惑,传递正确的学前教育理念。

家园零距离——多主题"家长开放"活动。针对新生幼儿和家长的分离焦虑,小班开展试入园"半日开放"活动,以半日入园的形式开展活动,将对家长的要求、幼儿培养目标渗透在活动中,引导家长正确对待入园焦虑;通过亲子运动会、新年活动等形式的"半日开放"活动,将幼儿园的教育理念和方法融入活动中,让家长在活动中感受科学育儿的有效性,在参与中学习正确的育儿方法。

幼儿园回馈社区、家长的一系列活动,使幼儿园在南开大学中树立了热情、友好、专业的教育形象,让家长和幼儿进一步了解和肯定幼儿园教育,感动于幼儿园对社区的工作与付出,也使他们更加愿意支持与加入公能根基课程中来。园所通过对南开大学资源的利用,丰富了公能根基课程的内容与形式,使公能根基课程的开展更加生动、真实、深入;而幼儿园回馈社区的系列活动,也丰富了社区幼儿的游戏生活,使得优秀的学前教育理念深入社区,提升了社区幼儿家庭教育质量和水平。幼儿园获益于社区、回报于社区,达到了幼儿园和社区"双赢"的目的。

　　课程作为实现、凸显幼儿园文化、促进幼儿发展的主要有效途径,既是外显的表征,更是内涵的延伸。公能根基课程探索至今,经历了教育理念的确立、课程结构的优化、实施方式的拓展以及评价体系的扩充,构建起了具有南开特色的课程体系,形成了独特的课程品牌,且成效初显。但是,课程之路没有终点,只有不断在实践中反思,在反思中不断调整和完善,以课程发展推动园所发展,以课程深化助力教师发展,以课程力量促进幼儿发展。

　　高质量课程建设的大厦是由园所整体一砖一瓦搭建起来的,少了谁的努力都不行。热爱成长的人,都能在这里遇见同道;心怀梦想的人,总能在前人经验的领衔下勇往直前。以儿童为中心开展课程建设,在课程建设中精益求精,不断提高教师自身专业素养,提升个人价值。正因为我们幼教工作者都是追光者,不知疲倦地追寻着学前教育行业的光明与未来,我们才能不断打磨自己,让磐石成为剔透的玉,蜉蝣成就绚丽的光,砖石砌成高楼大厦。

后 记

在本书付梓之际,我们深深感到:公能根基课程的建构与成长,得益于师幼的共同努力,得益于家长、高校、社区人员的热心相助,更得益于众多领导、专家、同行的支持、指导与帮助。在每一个人的努力与付出下,公能根基课程的架构日趋完整,内容日渐丰盈。

正因为公能根基课程是"做"出来的,而不是"写"出来的,我们要特别感谢所有在公能根基课程开发过程中潜心指导、努力耕耘、真情付出的专家、老师、家长和所有的幼儿。感谢南开大学后勤党委各级领导对南开大学幼儿园公能根基园本课程研究的肯定与支持;感谢天津市教育科学学院白燕教授、天津师范大学张铁梁教授对公能根基课程的规划、悉心指导和耐心帮助;感谢我们可爱的家长——南开大学历史学院侯杰教授对本书贡献的智慧与热情,以及对书稿的逐字校对并撰写序言;感谢李葳、邢毓平、胡沁老师对全书的规划与框架的搭建;感谢药豆豆、曲嘉韵、乌日嘎、郭慧颖、胡沁、冷宜芳、宋荣荣、刘露露、李佳琪、张梦瑶、靳婷婷、于悦、孟少清、张娜老师们参与部分章节及案例的书写,感谢康培培、李亚炜、冯稳、王莹等诸多老师提供丰富的实践案例,让公能根基课程更加生机勃勃。

我们希望,公能根基课程的建构思路能够为幼教同仁"打造特色园所文化理念""挖掘课程资源,将校园文化赋予生命"提供参考和借鉴。幼儿园课程建设是一项没有终点的事业,在未来的日子里,南开大学幼儿园全体教师将继续贯彻"儿童为本、游戏为基"的教育理念和"主动、开放、多元"的课程理念,持续探索建构"公能根基园本课程",在南开大学幼儿园这片热土上,与热爱幼教的一群人,聆听窗外的声音,为教育的美好而不懈追求。鉴于诸类原因,本书若有不当之处,恳请专家同行指正。

坐落南开,承蒙养之荣光;奋进开新,创幼教之辉煌!

编者

2022 年 1 月

主要参考文献

专著

[1]侯杰.巍巍我南开精神[M].南开大学出版社,2019.

[2]马克斯·范梅南著.宋广文译.李树英校.生活体验研究——人文科学视野中的教育学[M].教育科学出版社,2003.

[3]冯晓霞.幼儿园课程[M].北京师范大学出版社,2001,76.

[4]虞永平,原晋霞,全国高等教育自学考试指导委员会.幼儿园课程[M].高等教育出版社,2014.

[5]刘晓东.儿童精神哲学[M].南京师范大学出版社,2003.

[6]卡洛琳·爱德华兹等.儿童的一百种语言[M].南京师范大学出版社,2008.

[7]汪丽.田野课程构架与实施[M].南京师范大学出版社,2008.

[8]张文亮.牵一只蜗牛去散步[M].中国工人出版社,2010.

[9]严仁清.祖父严修在天津创办幼儿教育的回忆.中国人民政治协商会议天津市委员会文史资料研究委员会编.天津文史资料选辑[M].天

津人民出版社,2003.

[10]卢乐山口述,罗容海整理. 卢乐山口述历史——我与幼儿教育[M].北京师范大学大学出版社,2012.

[11]黄力. 我心目中的学校[M].光明日报出版社,2011.

[12]朱家雄主审,胡娟主编. 幼儿园课程概论[M]复旦大学出版社,2020.

[13]张俊. 幼儿园科学教育[M]人民教育出版社,2004.

[14]Janice J. Beaty. 幼儿发展的观察与评价[M].郑福明等译. 高等教育出版社,2011.

[15]屠美如. 向瑞吉欧学习什么[M].教育科学出版社,2002.

[16]胡华.给童年留白[M].接力出版社,2017.

[17]林玫君. 儿童戏剧教育活动指导[M].复旦大学出版社,2018.

[18]胡华.回归与还原儿童本真生活[M].江苏凤凰少年儿童出版社,2015.

[19]马戈·迪希特米勒等著.廖凤瑞,陈姿兰译.作品取样系统[M].南京师范大学出版社,2009.

[20]玛格丽特·卡尔,温迪·李著. 周菁译. 李薇审校. 学习故事与早期教育:建构学习者的形象[M].教育科学出版社,2011.

[21]许卓娅. 幼儿园课程理论与实践[M].南京师范大学出版社,2002.

论文

[1]虞永平.试论园本课程的建设[J].早期教育,2001(4).

[2]刘晓东.向童年致敬[J].中国工人出版社,中国教育学刊,2018(5).

[3]李朝娟.幼儿园课程评价[D].湖南师范大学,2007.

[4]李晓文.幼儿视野中的区域活动[D].南京师范大学,2017.

[5]胡华.回归儿童生活:幼儿园课程建构的本质[J].甘肃社会科学,2021(1).

[6]李召存.以儿童为本,走向"为了儿童"与"基于儿童"的整合[J].学前教育研究,2015(7).

[7]原晋霞,郑玲.以《指南》为依据的幼儿园档案袋评价行动研究[J].早期教育(教科研版),2015(4).

[8]朱虹.宁夏幼儿园园本课程开发研究[D].宁夏大学,2007.

其他资源

[1]高鹏.南开学校的幼教和神秘的南大幼稚园.公众号《公能学社》,2018.12.

[2]林秀娟.陶行知生活教育思想在小学数学教学生活化中的应用[C].福建省陶行知研究会第三期会员培训学习论文汇编,2013.